DISCARD

Chicago Public Library
Toman Branch
2708 S Pulaski
Chicago, Il 60623

LOS SUEÑOS.
CÓMO INTERPRETARLOS

LOS SUEÑOS. CÓMO INTERPRETARLOS

M. MACHELLI

```
Sp/ BF 1078 .M33 2005
Machelli, M.
Los suenos :cFomo
  interpretarlos /
```

Copyright © EDIMAT LIBROS, S. A.
C/ Primavera, 35
Polígono Industrial El Malvar
28500 Arganda del Rey
MADRID-ESPAÑA

Colección: Enigmas de las ciencias ocultas
Título: Los sueños. Cómo interpretarlos
Autor: M. Machellil

ISBN: 84-9764-409-3
Depósito legal: M-8502-2005

Diseño de cubierta: Juan Manuel Domínguez
Impreso en: COFÁS

Reservados todos los derechos. El contenido de esta obra está protegido por la Ley, que establece penas de prisión y/o multas, además de las correspondientes indemnizaciones por daños y perjuicios, para quienes reprodujeren, plagiaren, distribuyeren o comunicaren públicamente, en todo o en parte, una obra literaria, artística o científica, o su transformación, interpretación o ejecución artística fijada en cualquier tipo de soporte o comunicada a través de cualquier medio, sin la preceptiva autorización.

IMPRESO EN ESPAÑA – *PRINTED IN SPAIN*

PRÓLOGO

Según el diccionario, soñar es extraer del subconsciente una fantasía y representarla.

Desde hace muchos años, las personas se han encargado de satisfacer la curiosidad de descifrar los sueños, con el fin de llegar a descubrir grandes realidades de la historia. Por norma general, los líderes políticos y los comandantes no hacían nada sin consultar la interpretación de sus sueños; éste es el caso de Napoleón, el cual no llevaba a cabo ninguna acción sin antes haberse interesado por el resultado del estudio de sus sueños, realizado por unos videntes.

Con el paso del tiempo, ha ido aumentando el interés por el significado de los sueños, lo que nos ha llevado a descubrir que existen diferentes tipos de sueños: unos, en los que simplemente llevamos a cabo las tareas que realizamos a lo largo del día; otros, en los que hacemos realidad actos que nos gustaría fuesen ciertos: ¿quién no ha asesinado a alguien mientras duerme?

Otro tipo de sueño es el que no alcanzamos a comprender; éstos son los que, únicamente entrelazando unos con otros, nos llevarían a averiguar cosas que nos podrían suceder en un futuro. Este tipo de sueños son los precognitivos, en los que el subconsciente se manifiesta tal como es. Por supuesto no debes olvidar que esto es algo muy subjetivo, ya que depende totalmente de cada individuo y cada uno tendrá su propia interpretación del tema. Lo que nunca debemos hacer es tomarnos al pie de la letra las cosas que soñamos, como pudieran hacer Napoleón, Julio César...

A finales del siglo XIX, el estudio de los sueños ya se lleva a cabo de una manera mucho más técnica y científica. La figura del psicólogo comienza a buscarse un sitio en el mundo de la medicina, y así lo consigue, estudiando y buscando explicaciones en el interior de la mente humana. Sin duda Sigmund Freud ayudó a que todo esto fuera así, ya que con sus trabajos comenzó a transmitir todos los procesos que van desde la conciencia explícita hasta lo más profundo de la metaconsciencia, donde se mezcla realidad y fantasía...

Los procesos psíquicos que desarrollamos mientras dormimos nos permiten que, condicionados por nuestro ambiente natural, demos acceso a nuestros más íntimos deseos y angustias.

En el estudio de los sueños, se ha llegado a descubrir que existen tres fases durante el sueño, y son las siguientes: sueño ligero, sueño bastante profundo y el sueño muy profundo; estos diferentes períodos van acompañados por aumento o disminución de la actividad muscular, cardiaca y cerebral.

Por último, destacar que el hombre tiene un sueño cada noventa minutos, comprobando que visualizan mejor las mujeres que los hombres, que los sueños pueden ser en color o en blanco y negro, y que las personas cultas tiene más capacidad onírica que los ignorantes.

DICCIONARIO DE LOS SUEÑOS

Los esoteristas de todos los tiempos han convertido el arte de la descripción onírica en una de las más importantes mancias tras la astrología y la cartomancia.

Se han publicado extensos diccionarios de sueños para auxilio de aficionados al tema.

A

Abandono: Un individuo que abandona su estado significa pérdida ocasionada por gentes de mala fe; soñar que abandona su propia morada denota ganancia en sus negocios; verse abandonado de los grandes indica alegría y fortuna.

Abanico: Soñar que se tiene abierto es símbolo de enemistad o rivalidad. Si se mantiene cerrado significa adulterio, también expresa perfidia.

Abejas: Señal de dinero; ser picado, que un amigo nos hará traición; si el que sueña las mata, sufrirá una pérdida; si deponen su miel, trae dicha y dignidades; si se introducen en su casa, pérdida por sus enemigos.

Abismo: Señal de terror y pánico. Expresa también el instinto femenino en su vertiente aniquiladora; para el psicoanálisis puede significar: angustia de culpa o percepción de un riesgo que uno se resiste a ver. Si es una gran fosa o grieta: vagina femenina.

Abogado: Encontrarse con uno, mala nueva; conversar con él, malograréis un tiempo muy precioso; oír que patrocina, os sobrevendrá alguna calamidad.

Abordaje: Hallazgo imprevisto y ansiado.

Aborto: Peligro de asechanzas graves; también símbolo de indignidad, de vergüenza propia, de odio contenido.

Abrazar: A los parientes, traición; a los amigos, engaño; a los desconocidos, partidas; a una mujer, fortuna próspera.

Abrigo: Buscar uno para evadirse de la lluvia, gran secreto; durante la tempestad, funestos presentimientos; encontrarse, adversidades y miseria.

Academia: De los sabios, tedio, sueño, letargo; de juego, perniciosas tentaciones.

Aceite: Derramado sobre el pavimento significaría riesgos futuros que nos perjudicarán gravemente; si nos manchamos con grasa, fortuna y alegría futura.

Aceitunas: Paz y amistad.

Acero: Romperlo, cercana victoria; tenerlo en la mano, se halla vuestra posición social al abrigo de todo daño; si os es imposible arquearlo, temed alguna desgracia.

Acostarse: Con un individuo del otro sexo, obstáculo a sus designios; con una persona del mismo sexo, contrariedad; con un hombre feo, enfermedad; con un buen mozo, chasco; con una linda mujer, traición; con su marido ausente, madre, seguridad en los negocios; con su hija, escándalo; con su hermana, cercano viaje; con una ramera, fortuna permanente.

Acreedor: Felices negocios, entremezclados con inquietudes.

Actividad: El que sueña que es muy activo indica una negligencia perjudicial a sus intereses.

Actriz: Verla en un escenario: señal de que algo nos va a defraudar próximamente; cenar o comer con ella, mal augurio; vernos como actrices en el teatro, símbolo de hipocresía.

Acusación: Ante la autoridad, disputas y desgracias; si es una mujer la que acusa, preparaos para recibir una mala noticia; si por el contrario es un hombre, aguardad un suceso feliz en cualquier empresa.

Acusador: Ver u oír a su acusador, tenga o no razón, invita a ser prudente.

Adiós: Pronunciar u oír esa expresión y otras análogas, funesto agüero; si nos las dirigen, triste nueva.

Admiración: Señal lisonjera, si se os admira; pero incómoda, si admiráis.

Adopción: De chiquillos, tristezas y desgracias.

Adquisición: Feliz agüero.

Adulterio: Causará deshonra pública, o vendrá una gran desgracia, morirá algún pariente nuestro.

Aflicción: Soñar, hallarse sumido en una profunda aflicción, indicio de una próxima alegría.

Afrenta: Recibir una, favor; afrentar a otro, peligro.

Agonía: Soñar que nos hallamos agonizando, señal de perfecta salud; ver en la agonía algún pariente, éste es feliz, si se halla sano; contemplar a una mujer agonizando, pérdida de sucesión.

Agua: El que comúnmente sueña hallarse en el agua tema los flujos y catarros; contemplar el agua transparente y tranquila, buen presagio, principalmente para los viajeros, litigantes y jueces; turbia y agitada, amenazas y desgracias; terribles sentencias para los litigantes; encontrarse encima de un agua cristalina, importantes beneficios; sobre agua turbia, pérdida de parientes o amigos; caerse en el agua, peligro de la vida; agua caliente, enfermedad; beber agua caliente, persecución; fría, triunfo y prosperidad; agua estancada, enfermedad mortal; sacar agua corrompida, serán de larga duración vuestros sufrimientos; empero, si llega a agotarse o secarse, cesarán cuanto antes; echar el agua, peligros y pérdidas.

Aguardiente: Licenciosos placeres.

Aguinaldos: Ofrecerlos, codicia; recibirlos, enredos.

Agujas: Símbolo fálico, chismes y calumnias, huiremos algún día.

Ahogado: Ganancias.

Ahorcado: Pérdida de bienes a causa de pleitos o sanciones.

Aire: Si es puro, os aguarda la felicidad; si denso, presagio de algún disgusto.

Ajo: Ver o comer ajo, así como igualmente cualquier semilla de un olor pronunciado, es un pronóstico de riñas, o de la revelación de algún secreto.

Albergue: Su vista anuncia el reposo; si se permanece en él, dicho reposo irá mezclado de desazones.

Alcachofas: Verlas, secretos, pesares; comerlas, desgracias.

Alcoba: Freud cree que simboliza «lo femenino» y la matriz.

Alegría: Temed al despertaros una mala noticia.

Alfiler: Ligeras disputas.

Alguacil: Si se os aparece un alguacil, engaños; si os detiene, os acusan vuestros enemigos.

Almanaque: Previsión de graves peligros, si se lleva una conducta libertina.

Almeja: Significa vulva, deseo de coito con mujer, ruptura con amigos.

Almendra: Comer, obstáculos inesperados, pero que no dejarán de superarse.

Almorzar: Solos, avaricia; en compañía, largueza.

Altar: Percibirlo, alegría; construirlo, pariente cercano a ordenarse; verlo derribado, melancolía.

Ama de leche: Desazones.

Amigos: Reunión de jóvenes y reír con ellos, cercano rompimiento.

Amor: Ser esclavo, largos padeceres; despreciado, triunfo; cortejar a una joven, prosperidad; a una linda mujer, alegría y desgracia; a una vieja, desgracia.

Amputación: Verla practicar, pérdida de un amigo; ser el paciente, pérdida de bienes.

Anciano: Soñar con un viejo es señal de sabiduría. Adquiriremos experiencia.

Andar: Con un apresurado paso, instrucción provechosa; retrocedimiento, pérdida, mudanza y desazones; sobre piedras, sentimientos; sobre agua, prosperidades; con muletas, pobreza.

Andrajos: Contemplarlos, vergüenza y miseria; revolverlos, grandísimos pesares.

Anécdota: Referirla, murmuraciones; escucharla, riñas.

Aneurisma: Padecer una aneurisma, anuncio de fuertes desazones.

Ángel: Noticia próspera; si se halla en pie a vuestro lado, os advierte que reportéis vuestra conducta.

Animales: Alimentarlos, fortuna.

Anteojos: Desgracia o melancolía.

Antepasados: Recordarlos, desgracia de familia; verlos, disgustos promovidos por los parientes; hablarles, pleito entre cercanos.

Antorcha: Encendida, recompensa; apagada, encierro.

Aparición: De cualquier clase que sea, signo fatal.

Apetito: Partida de parientes o de íntimos amigos.

Apuesta: Perjudicial ligereza.

Arado: Dirigido hacia el que sueña, indicio de felices empresas; en posición contraria, anuncio de obstáculos.

Araña: Freud cree que simboliza la madre dominante que impide nuestro matrimonio. Los oniromantes: traición si sólo se las ve, mal presagio si es negra.

Árbol: Con frondosa copa: protección; con ramas secas: pérdida próxima; arrancar sus frutos: desgracia. Para los griegos significaba suerte. Para los caldeos, cortarlo era señal de buen augurio. Si los judíos veían una palmera, significaba sanción por los propios pecados. El árbol es símbolo universal del cuerpo humano.

Arco Iris: Visto por el Oriente, dicha para los pobres y enfermos; por el Occidente, sólo de feliz agüero para los ricos; si aparece sobre vuestra cabeza, temed la adversidad, vuestra muerte, o la de alguno de vuestra familia.

Armas: Cortantes, disputas y enemistades; recibir, confiad en los honores; gente armada, fatigas; si ésta os persigue, desazones.

Arrendamiento: Firmar uno, perjudicial unión; extenderlo, vanos proyectos.

Arroz: Significa futura abundancia, alegría matrimonial.

Artistas: Placeres diversos.

Arzobispo: Muerte.

Ascensión: Efímera grandeza.

Aserrar: Satisfacción.

Asesinato: Si vemos el crimen, seguridad en el futuro, abundancia.

Asno: Verle correr, indicio de desgracia; detenerle, murmuraciones y calumnias; si rebuzna, desazones y perjuicios; si pace, tormentos.

Astillero: Poseerlo, abundancia y prosperidad.

Atragantar: El que sueña que se le atraganta la comida, sufrirá una enfermedad originada por el abuso de los placeres.

Aureola: Si cerca de vuestra cabeza, buen presagio; si brilla en la testa de un rival o un enemigo, seréis vencido; si resplandece en el rostro de una mujer, procurad ser por ella amado.

Ausente: Soñar con los que se hallan lejos, señal de que vuelven.

Autómatas: Vileza y bajeza.

Autopista: Presenciarla, negocios llenos de dificultades; practicarla, obstáculos insuperables.

Autor: Contemplar a uno o muchos, pérdida metálica; soñar ser autor, miseria y vanidad.

Avellanas: Obstáculos e inquietudes.

Avispas: Si nos pican: signo de melancolía; verlas simplemente indica angustia o graves amenazas que nos acechan astutamente.

Ayunos: Locura en gastar.

Azotar: A alguien, paz en los casados, y fidelidad en el amor, a los otros.

B

Badajo: Alegría y dinero.
Baile: Alegría y dinero.
Bajar: Tormento.
Balanzas: Citación ante un juez.
Balcón: Elevación peligrosa.
Bancarrota: Negocios que se acercan a su término.
Banco: Falsa promesa.
Bandera: Presagio de dicha.
Bandidos: Si os acometen, confiad en vuestras propias fuerzas; si los perseguís, temed algún accidente; si los contempláis, seguridad en vuestros negocios.
Banquete: Placeres que conviene evitar.
Baño: En agua clara, perfecta salud; en agua turbia, muerte de parientes o de amigos; contemplar uno, aflicción; tomar uno a temperatura regular, placeres y prosperidad; sumergirse en un líquido demasiado caliente o demasiado frío, disgustos domésticos.
Barba: El que sueña tener una barba larga vivirá mucho tiempo; el que la ve muy negra, sufrirá desazones: el deshonor amenaza al que sueña con una rubia; el que se figura que le afeitan, se hallará sumido en los perjuicios; si se afeita él mismo, el tedio le atormentará.

Barómetro: Mudanza perjudicial.

Barrer: Ver barrer nuestra vivienda, señal de negocio próspero; si barren una gruta, bodega o sótano: desgracia próxima.

Basuras: Deshonor y humillación, desvalorización de prestigio propio.

Batalla: Ganada, imponderable presagio; perdida, tristísimo agüero.

Batirse: Con un perro, fidelidad; con un gato, traición; con una serpiente, triunfo.

Baúl: Lleno, abundancia; vacío, miseria.

Bebedores: Cercando una mesa, ganancia en los negocios; formar parte, cercano matrimonio.

Beber: Agua fría, imponderables riquezas; caliente, enfermedad; tibia, disgustos.

Bellotas: Pobreza.

Bendecir: A alguien, aflicción pasajera; ser bendecido, alegría.

Beneficio: Recibirlo de un hombre, sanos consejos; de una mujer, amistad; de un muchacho, desgracias; de una joven, aflicciones; ofrecerlo, ingratitud.

Besar: La tierra, tristeza y humillación; las manos a una mujer, buena fortuna; darle un beso, temeridad seguida de un éxito feliz.

Besos: En el suelo: señal de humillación; a las manos de una dama, futura riqueza.

Bestias: Ver las desgracias y ser perseguido, recibiréis mil agravios; batirse con ellas, penas inevitables.

Biblia: Verla indica íntima alegría.

Bien: Hacer, presagio de alegría; poseer alguno, anuncio de tristeza.

Billete: Atento, triunfo amoroso; de encierro, útil precaución; de casamiento, satisfacción; de aviso cualquiera, gastos infructuosos.

Blanco: Ver nuestro vestido blanco: alegría, pureza, felicidad, paz.

Boca: Grande, riqueza; pequeña, pobreza; fétida, desprecio y animadversión; sin dientes, próximo peligro de enfermedad o muerte.

Boda: Entierro.

Bodega: Enfermedad y miseria.

Bolos: Jugar, desgracia; si en el juego cae uno del medio, muerte de uno de los jugadores.

Bolsa: Llena, tormento o avaricia; vacía, bienestar o generosidad.

Bordadura: Ambición.

Bosque: Numerosas ocupaciones, pero de provecho dudoso.

Botas: Nuevas, éxito en las empresas; viejas, cuestiones.

Botella: Buen humor y diversiones; si fuere rota, tristeza.

Botica: Inesperada posesión.

Brazo: Derecho amputado, muerte de un pariente; izquierdo, de una parienta; ambos a la vez, cautiverio o enfermedad; fracturados o enflaquecidos, aflicciones, pérdidas, viudez; hinchados, pronto enriquecimiento de una persona amada; musculoso, dicha, curación, libertad.

Brisa: Inconstancia de los amigos para con nosotros.

Brujas: Temor a ser víctimas de insidiosas maniobras de los que nos rodean.

Buey: Labrando, tranquilidad e inquietud; abrevando, señal funesta; sin cuernos, beneficios; gordo, cercana dicha; flaco, penuria; blanco, honores; negro, peligros.

Bufete: Con gente sentada, falsa acusación; hallarse sentado en él y escribiendo, indudables beneficios.

Buitre: Si vuela, muerte; si se mata, dicha.

Bujía: Una sola ardiendo, alumbramiento feliz; muchas a la vez, muerte repentina.

Bulto, quiste: Cuando se sueña que se nos forma un absceso, debemos tener un estorbo cualquiera; empero, si nos pareciere verlo dilatar, cercano logro después de muchas dificultades.

Buñuelos: Hacerlos, intriga; comerlos, placeres sensuales.

C

Caballo: Blanco: energía psíquica creadora, significa también placer; negro: muerte, libido, vitalidad negativa; si lo montamos, éxito futuro; si se rompe el freno y se desboca: muerte futura; si vemos pasar uno de crines oscuras, malas noticias.

Cabellos: Negros, cortos y lanudos, desgracias; lisos, nuevas amistades; desgreñados, disgustos y ultrajes; si se caen, pérdida de un amigo; si os es imposible desenredarlos, largos pleitos y trabajos; si son canos, ahorrad el dinero, puesto que acaso tardéis mucho tiempo en recibir otro; una mujer calva anuncia una pobreza súbita; un hombre desprovisto de cabellos, mensaje de fortuna.

Cabeza: Separada del tronco, libertad; blanca, alegría; pelada, falsedades; provista de cabellos, dignidades; la cortáis a alguien, descubriréis los lazos de vuestros enemigos; os decapitan, peligráis sufrir una fuerte enfermedad; tenéis una cabeza enorme, vuestros bienes raíces en aumento.

Cabra: Blanca, ganancia; negra, desgracia.

Cadalso: Fatal empleo.

Cadáver: Fatal agüero.

Cadenas: Vivencia de arrastrar cadenas: signo de tristeza y depresión, tendremos una enfermedad mental, alguien de nuestra familia perecerá.

Caderas: Abultadas, hijos hermosos; lánguidas, enfermedades.

Caer: Si se levanta al momento de haber caído, se verá colmado de honores; de lo contrario, desgracia.

Café: Pena y desgracias.
Calabaza: Vana esperanza, curación de enfermedad.
Calabozo: Predicción de dicha. Si soñamos que nos excarcelan o que huimos de la prisión: grave peligro.
Caldero: Supuesto paso, que os perjudicará.
Calentura: Desmesurada ambición.
Calor: Tener calor, larga vida.
Calzado: Ir bien calzado, honor y provecho; mal calzado, lo contrario.
Camello: Simboliza orgullo, pero también riqueza.
Camino: Si es abrupto y pedregoso: graves dificultades futuras. Si es un camino llano no polvoriento: significa riqueza futura y dificultades salvadas.
Camisa: Próspero porvenir; llevar una camisa rasgada, buena fortuna.
Campamento: Persecuciones; hallarse en él, engaño por falsos amigos.
Campanario: Presagio de disgustos o de peligros.
Campanas: Su tañido vivo y alegre: evento inesperado. Tañer lúgubremente con toque de difuntos, larga vida.
Campanilla: Desgracias.
Campiña: Viaje; habitarla, pérdida.
Canario: Largo viaje.
Canción: Escucharla, buena esperanza; entonar una, ilusiones frustradas.
Cangrejos: Enredos, separación.
Cantar: Si escuchamos una canción, alegría futura; si soñamos que entonamos el canto, llegada a casa de algún familiar inesperado.
Cántico: Dolencia.
Canto: De pajarillo, placeres y amores.
Cañón: Sorpresa o peligro.
Capa: Dignidades.

Capilla: Rezar en una capilla, noticias de muerte ajena. Visitar una capilla previene ligera enfermedad.

Cara: Risueña de una joven, dicha; caras viejas y macilentas, fatal agüero.

Caracol: Honrosas comisiones.

Carbones: Hechos ascuas, estratagemas; apagados, muerte.

Cardenal: Rápido aumento.

Cardo: El cortarlo, proeza; el punzarse presagia un insulto o una discordia.

Carne: Si alguno sueña que su cuerpo aumenta en carnes, adquirirá grandes riquezas, y gastará un lujo extremo en el vestir; si por el contrario enflaquece, en breve sus comodidades irán seguidas de la mortificación; ver su carne negra o atezada manifiesta al hombre que ha cometido una traición, y a la mujer, adulterio y divorcio; pálida o amarilla, predice una fiebre larga y terrible; llena de heridas o de gusanos, imponderables riquezas; si soñáis comer carne humana, adquiriréis un bien por ilícitos medios.

Carnero: Riqueza, disgusto o humillación.

Carnicería: Pérdida de hijo o de fortuna.

Carreta: Verla, indisposición; subir o bajar de ella, público deshonor.

Carrillos: Muy abultados y encendidos, buena señal; flacos y descoloridos, súbita desgracia.

Carroza: Buenos augurios para el que vemos dentro; si es desconocido el viajero, simboliza coche mortuorio; si nos vemos dentro, muerte en edad temprana.

Cartas: Escribirlas o recibirlas, buenas noticias.

Carteles: Fijarlos, afrenta; leerlos, trabajo inútil.

Casa: Símbolo femenino. Circular por sus pasillos y habitaciones, deseo de visitar un burdel. Jung considera que la casa representa nuestra compleja personalidad. Verla arder, disipación de bienes y riquezas. Construcción de un edificio: signo de presagios negativos.

Casamiento: Dicha pasajera; con una soltera, honores; reiterarlo con su mujer, provechos.

Castaña: Cruda, resolución; cocida, debilidad; tostada, seguridad.

Castillo: Descubrir alguno, feliz agüero; habitarlo, falsa esperanza.

Caza: Si cazáis, os han acusado de estafa; si volvéis de caza, confiad en importantes beneficios.

Cebollas: Comer o percibir su olor, revelación de cosas ocultas o contiendas domésticas.

Ceguera: El sueño en que nos vemos como invidentes significa futuro trabajo dificultoso. Ver un ciego: seremos acusados de un delito o falta no cometida.

Celo: Demostrarlo por alguno es más dañoso que provechoso; estar poseído de ellos, signo de traición.

Cementerio: Futura prosperidad.

Cenagal: Meterse o caerse en él, indigencia.

Ceniza: Presagio de luto.

Cepillo: Penoso trabajo, pero provechoso.

Cera: Debilidad de carácter sumamente dañosa.

Cereales: Prosperidad en el comercio.

Cerebro: Sano, deseo y aptitud para aconsejar cuál corresponde; enfermo, falta de espíritu y de prudencia.

Cero: Prosperidad por el trabajo.

Cerradura: Símbolo sexual femenino. Meter una llave: deseo de relación sexual. Violarla o romperla, cambio de hogar.

Cerrajero: Perdida ocasionada por descuido o negligencia.

Cerveza: Fatiga sin provecho.

Cesta: Aumento de familia.

Cetro: Ver un cetro indica una próxima desgracia.

Chaleco: Blanco, coquetería; colorado, economía; quitarlo, frustrados deseos; dejarlo quitar amor funesto.

Charla: Soñáis estar charlando, tendréis intenciones perversas.

Chimenea: Provista de fuego, felicidad accidental; felices enlaces para el que sube por su cañón.
Chinches: Bochornos.
Chocolate: Hacerlo o tomarlo, salud y satisfacción.
Chorizos: Hacerlos, fuerte pasión; comerlos, amorcillos para los jóvenes, y perfecta salud para los ancianos.
Cicatriz: Abierta, generosidad; cerrada, ingratitud.
Cidra: Tendrá alguna disputa el que la coma.
Ciego: Creerse ciego presagia un chasco o pérdida de un hijo; ver a un ciego indicio es de crimen.
Cielo: Puro y sereno, cercano y dichoso casamiento; rojizo, aumento de bienes; figurarse subir al cielo, altos honores.
Cierva: Sola, satisfacción y provecho; con sus cervatillos, opulencia.
Ciervo: Si le descubrís, confiad en algún lucro; si le matáis, heredaréis.
Cifras: Si no llegan a noventa, incertidumbre; si exceden, logro.
Cigarro: Victoria para el que lo fuma; desgracia para el que lo apaga; confianza para el que lo enciende.
Cigüeña: Ceñirla, abstinencia; soltarla, libertinaje.
Ciprés: Desgracias.
Ciruelas: Verlas, penas inútiles; comerlas, trampas mujeriles; podridas o pasada la estación, adversidades.
Cisne: Blanco, riqueza; negro, fracaso de familia.
Cisterna: Caer en ella, estad bien persuadidos de que se os calumnia.
Ciudad: Habitada, riqueza; incendiada, hambre; destruida, miseria.
Clavos: Alcalde de reputación.
Código: Su presencia indica que debéis evitar un pleito que os amenaza.
Cofre: Lleno, os invita a cuidar de vuestros intereses; vacío, os proveerá dinero.

Cojear: Riesgo de ser insultados, deseo de permanecer junto al cónyuge.
Col: Desgracia y tedio.
Cola: Deshonra; cola de caballo larga poblada, auxilio por parte de los amigos; cola desprendida o cortada del caballo, abandono.
Cólera: Feliz suceso de un asunto desesperado.
Cólico: Desazones domésticas.
Collar: Honores.
Coloquíntida: (Purgante) esperanza y dolor.
Coloso: Orgullo fatal para el que crea serlo; honores para el que da con uno; constante prosperidad para el que le derriba.
Columna: Si se desploma, predice la muerte de un gran personaje.
Combate: Si se toma parte, estorbos en los negocios de importancia; apaciguar a los combatientes, desgracias de familia.
Comedia: Tomar parte en ella, triste nueva; ser un mero espectador, logro en las empresas.
Comer: Solo, avaricia; acompañado, largueza; sobre el césped, cólera; ensalada, enfermedad; raíces, discordia.
Cometa: Su aparición, contiendas o peligros; su caída, miseria.
Comezón: Os sobrevendrá dinero.
Comida: Engaño; salada, enfermedad; dulce, favor; de carne asada, lucro, beneficios.
Comisionado: Socorro y protección.
Compras: Todas indican provecho.
Conejo: Negro, desgracia; blanco, fortuna; completa salud si se come conejo.
Confituras: Ventajas para el que sueña que las fabrica o bien las come.
Construir: Una casa, desgracia, enfermedad y muerte.
Convulsiones: Quiebra fraudulenta de un deudor.

Coraza: Vestirla, ser prudente; quitársela, libre de peligro; verla, dificultades que vencer.

Corazón: Afligido, peligrosa enfermedad; herido, daño para el marido, si es mujer la que sueña, y para su padre o su amante, si es una soltera.

Cordero: Su presencia es emblema de consuelo; sus caricias dan origen a la esperanza; verle pacer, dormir o morir, tristeza; traer uno en las espaldas, os sobrevendrá alguna dicha; oírle balar, dolor y pérdida.

Corona: Verse una de oro en la cabeza anuncia honores; una de plata, perfecta salud; una de ramas verdes, dignidades pasajeras.

Correas: Ceñirlas, prudencia; quitarlas, estorbos.

Correr: Con un amigo, victoria; ver a varios individuos correr detrás unos de otros, cuestiones; si son muchachos, dicha; si el que sueña que corre es mujer, caerá en una debilidad; si es un enfermo que procure cuidarse; querer correr y no poder moverse, indisposiciones.

Costillas: A pedazos, riñas entre esposos o parientes; robustas, felicidad de familia.

Cristal: Amistad, aprecio o amor aparente.

Cruz: Felicidad y buenos augurios; pero si la cruz está rota o arruinada: enfermedad inminente para algún familiar querido.

Cuadro: De vivos colores, desgracia en el amor; oscuro, temed una infidelidad.

Cuba: Repleta de vino, dicha; de agua, muerte.

Cuchillo: Injurias, disputas, riñas o infidelidad conyugal.

Cuello: Honor, fortuna, sucesión si es largo, grueso y bien conformado; desgracia, vergüenza y miseria, si es flaco e inclinado; ser cuellituerto, presagio de infortunio; tener en él un absceso, enfermedad; tres cabezas de un solo cuello, dignidades.

Cuernos: En la cabeza de otro, peligro para el que sueña; en la suya propia, dominación.

Cuerpo: Si es robusto, felicidades; si se cae, temed alguna mudanza; enteramente desnudo, honestidad.

Cuervo: Su presencia hace temer el adulterio y precede a una desgracia.

Culo: Negro y flaco, vergüenza y perjuicio; blanco y rollizo, voluptuosidad y dicha; un hombre ve el de su mujer, prosperidad; una mujer ve el de su marido, morirá ella pronto.

Cuna: De chiquillo, fecundidad; hecha de hierbas, zozobras.

D

Dado: Pérdida de dinero.

Damas: Jugar a ellas, rencillas con un amigo.

Danza: Amistad y suerte.

Declaración: Hacer una, feliz empresa; recibirla, se os tiende un lazo.

Dedo: Quemado, envidia; cortado, tristeza; ver más de cinco, nueva alianza.

Desafío: Asistir a uno, enredo familiar o rivalidad de amigos; ser herido, fuertes desazones; ser muerto, divorcio o pérdida de un amigo.

Desertor: Noticia de una persona ausente.

Desesperación: Experimentar una fuerte desesperación, inesperada alegría; ver que alguno se desespera, seréis llamado para consolarle.

Desnudo: Vernos desnudos, signo de pobreza de espíritu o de frustración interior. Ver una mujer desnuda, alegría inminente. Deseo de realizar coito. Soñar correr desnudo, chasco de parientes o amigos.

Desobediencia: Toda señal o acto de desobediente indica la esclavitud que se sufrirá o que se experimenta.

Desorden: Promoverlo, miseria; contemplarlo, disgusto.
Destierro: Ver conducir a uno, aflicción.
Destrozar: Logro, auxiliado de vuestros amigos.
Desvanecimientos: Dulce deleite.
Día: Soñar ver la luz del día, pronóstico feliz.
Diablo: Verle, noticia pérfida; batirse con él, daño inminente; derribarle, triunfo cierto; ser llamado por el diablo, desgracia; enfermedad o muerte para el que lo sueña.
Diadema: Pérdida de la fe, ruptura con un amigo o riqueza inminente.
Diente: Si os arrancan un diente, presagio de afrenta; si en dicha operación no fluye sangre, presagio de muerte; verse los dientes más hermosos de lo que son en realidad, iréis en aumento; si cae un diente, pérdida de uno de los parientes.
Diligencia: Viajar en ella, retardos perjudiciales en los negocios; correr detrás, falta de trabajo por mucho tiempo; verla pasar, marcha de gentes que odiamos; vuelco, sin que os estropee, logro en las empresas.
Dinero: Encontrado, tristeza y pérdida; perdido, felices negocios; verle sin tocarle, dolor y cólera; contar, provecho.
Disputa: Entre mujeres, celos; de hombres, penas.
Dolencia: Precaria salud que reclama curiosos cuidados.
Dromedario: Incalculables bienes; hallarse montado en él, cercana elevación; si es muerto, fatal nueva.
Duendes: Casa encantada o de duendes expresa que podemos perder nuestro trabajo o quedarnos en la pobreza.
Dulces: Engañosas felicidades.

E

Ebrio: Soñar hallarse ebrio, salud y riqueza; haberse alterado con vino generoso pronostica la amistad provechosa de un gran personaje; hallarse ebrio y vomitar, pérdida de bienes por la fuerza o por el fuego; ver a un hombre borracho, locura.

Elefante: Ver uno, temor y peligro por las riquezas; darle de comer o de beber, poderosa protección; montarle, suceso feliz.

Embarazo: Sentirse embarazada: rechazo o deseo de un hijo según los casos. Augurio de felicidad.

Empeine: Riqueza.

Empresa: Soñar con una gran empresa, recelad por la que tengáis entre manos.

Enfermedad: Presagia larga vida verse enfermo en el sueño.

Ensalada: Comer, penas y dificultades en los negocios; enfermedad al que la come.

Entierro: Soñar ser enterrado vivo, signo de larga miseria; acompañar a un muerto al sepulcro puede ser confiar en una ventajosa unión.

Entrañas: Descubiertas y palpitantes, buen pronóstico; verse uno mismo las suyas, triste nueva.

Escalera: Subirlas un varón, deseo de erección. Para una mujer bajarlas implica coito. Bajarlas un varón, signo de frigidez. Subir escaleras puede interpretarse también como ascenso de categoría.

Escándalo: Suerte favorable.

Escarola: Comer, disgustos y contrariedades en los negocios.

Escribir: Si nos vemos escribiendo, deseo ferviente de que venga a nosotros un ser querido.

Esfuerzo: De cualquier clase que sea, indica un trabajo inútil.

Esmeralda: Próspero porvenir.

Espada: Traición para el que la ve; poder para el que la tiene.

Espaldas: Verse las espaldas, desdicha y anticipada vejez; soñar que tiene fracturadas las espaldas o llenas de heridas, riqueza; magulladuras, displicencia; carnosas, prosperidad.

Espárragos: Verlos arrancados, triunfo en alguna empresa.

Espectro: Desgracias considerables.
Espejo: Traición.
Espinas: Rencillas entre vecinos.
Esponja: Avaricia y mala fe.
Esqueleto: Huida de la muerte, deseo de vivir, capacidad de luchar contra la adversidad.
Estanque: De agua clara, amistad y reconocimiento; turbias, penas y engaños; con grandes peces, aumento de fortuna; si dichos peces están muertos, robo o quiebra.
Estatua: De mujer, corazón insensible; de hombre, tristeza; verla caminar o hacer movimientos, vuestro espíritu se hallará agitado por algún siniestro suceso.
Estrangular: A alguien, logro sobre vuestros enemigos.
Estrellas: Brillantes, logro; pálidas, desgracias en una casa, peligro de muerte para uno de sus habitantes.
Exhibicionismo: (Ver **Desnudo**).

F

Faisán: Salud y gloria.
Falta: Cometer alguna, cuidad vuestros asuntos; si una persona que apreciáis la comete, depositad enteramente en ella toda confianza.
Fantasma: Blanco, alegría y honores; negro, penas y trabajos.
Fatiga: El que sueña experimentar una gran fatiga, aguarde una justa recompensa en sus trabajos.
Favores: Solicitarlos de un gran personaje, tiempo perdido que debiera aprovecharse; pretenderlos de una linda mujer, los cederá a otros y os despreciará; recibirlos de una querida, íntima alegría, pero de corta duración.
Féretro: Sin cadáver dentro, deseo de que muera algún familiar. Con cadáver en su interior, véase **Muerte**.
Flauta: Cuestión y pérdida de pleito.

Flecha: Arrojarla, fatigosa carrera; ser herido, logro próximo de un asunto difícil.

Flores: Verlas, poseerlas o percibir su aroma en la estación correspondiente, amores y placeres; pero en tiempo irregular, si son blancas, obstáculos a vuestros proyectos; si amarillas, fatal logro en las empresas; si encarnadas, confiad; recoger las flores, provecho; recibirlas, amor.

Foso: Saltarle, indicio de salvarse de alguna maledicencia.

Freír: Ver, tramas; freír algo, enredos mujeriles.

Frente: Una hermosa frente, anuncio de espíritu; espaciosa, perjuicio y riqueza; verse la frente de cobre, bronce o acero, indicio de un odio eterno para los enemigos; soñar hallarse herido en la frente, pérdida pecuniaria.

Fresas: Si las comemos o nos las regalan: dinero abundante en un futuro próximo, nos tocará la lotería, ascenderemos en nuestra escala social.

Frutos: Todos anuncian el placer, si se hallan en sazón, y los disgustos, si están pasados.

Fuego: Si lo vemos en el cielo: proximidad de guerras. Apagarlo significa próxima herencia; verlo encendido, peligro inminente. Si nos quemamos, enfermedad inmediata.

Fuente: De cristalina agua, alegría y provecho; turbia, pérdidas y tristezas; bebéis en ella con pena, pronóstico de un cambio de estado o de habitación; se agota su manantial, presagio de pobreza y muerte; fluye en abundancia, confiad ser rico y dichoso.

Fusilar: Ver fusilar a alguien, suceso escandaloso.

G

Galopar: En un caballo negro, lazo de que os libraréis; en un caballo castaño, infructuoso trabajo; en uno blanco, fáciles placeres.

Gallina: Que cacarea, fuertes disgustos; que pone, provecho; cercada de sus polluelos, pérdidas.

Gallo: Verlo o escuchar su canto: futuro insomnio o noticias buenas, desaparecerá la depresión.

Ganados: Guardarlos, para los ricos signo de vergüenza y cuestiones familiares; para los pobres, consideraciones y beneficios.

Ganancia: Lícita, confianza de dinero; ilícita, pérdida pecuniaria.

Garganta: Cortársela, feliz esperanza; admirarla, dichosos amores.

Gato: Frustración de nuestro amor y amistad. Si vemos un gato dormido: fracaso de nuestros planes. Gato negro que nos mira fijamente: mal augurio.

Goces: ¿Soñáis ser dichoso? No tardaréis veinticuatro horas en experimentar disgustos.

Góndola: O acompañaréis un entierro o acompañaréis el vuestro.

Gorra: Ponérsela, sed prudente en vuestros amorcillos; quitársela, secreto descubierto.

Granada: Sazonada, cercana riqueza; verde, enfermedad y tristezas.

Granja: Confianza para el que la ve, presagio feliz para el que en ella entra.

Grosellas: Comerlas blancas, alegría y placeres; rojas, constancia; negras, término de una rabia efímera.

Guante: Llevarlos puestos, complejo de culpabilidad. Si nos entretenemos con guantes de calidad, dicha inminente. Si los guantes son negros, deseo de asesinar a un enemigo.

Guisado: Indigestión.

Guisantes: Comerlos, dicha y rapidez en los asuntos.

Guitarra: Si la tocamos en sueños sin conocer habitualmente su manejo: buenos augurios, haremos buenos amigos.

H

Hacha: Presagio funesto.

Hada: Encuentro con una mujer que os seducirá y os dará que sentir.

Hambre: Sentir apetito desaforado: éxito seguro, fortuna.

Harapos: Verse vestido con ellos, término de un cruel tormento.

Harina: Muerte en la vecindad.

Herida: Producida por una espada, logro; por un desconocido, penas; por un lobo, traición; curáis una herida, favores correspondidos con ingratitudes.

Hidropesía: Ser hidrópico, moderación en los gastos; si fuere mujer, concebirá por medios represibles.

Hierro: Signo fatal; rojo, efusión de sangre.

Hígado: Enfermo, seco o quemado, fortuna y vida sin peligro; dar con el hígado de un enemigo, victoria; encontrar el hígado de un animal cornudo, pronóstico de riqueza y herencias.

Higos: Verlos durante su estación, dicha futura; en otra estación, sensibles penas; comerlos, seréis un malgastador; secos, se halla en peligro vuestra familia.

Hijo: Pérfida proposición; verlo amamantar, grave enfermedad; pero caso que la esposa del que sueña estuviera encinta, indica una quebrantada salud para el infante que dará a luz; si fuere una mujer la que sueña, le pronostica que parirá una niña o tendrá una contrariedad.

Hilo: Miseria.

Hoguera: Irreparables faltas.

Hojas: Fatal pronóstico.

Hombre: Vestido de blanco, dicha; de negro, desgracia.

Hongos: Hongos y setas, símbolo de dicha futura.

Hormigas: Abundancia.

Horno: Indicio de comodidad, si está encendido; de indigencia si está apagado.
Horquilla: Persecución.
Huevos: Fracturados: pelea próxima con un familiar o amigo. Abundantes huevos en cesta o plato, dicha inmediata.

I

Iglesia: Ver una iglesia o catedral: símbolo de muerte para un ser querido.
Iluminaciones: Regocijos; si van apagándose, lloros y cuidados.
Incendio: Próximo peligro para la salud o los bienes.
Indigestión: Os invita a la sobriedad en la próxima comida.
Infierno: Modere su conducta el que lo perciba.
Inquietud: Sufrir, invita a la confianza.
Insomnio: Soñar hallarse en insomnio, próximas tribulaciones.
Instrumentos: Músicos: consuelo, alegría, curación de enfermedad.
Intestinos: Si salen de vuestro cuerpo, alguien se alejará de vuestra casa por alguna fuerte riña.
Inundación: Simboliza futura mala suerte.

J

Jabón: Enredados negocios.
Jardín: Trabajar en un jardín, signo de alegría y salud.
Jaula: Sin pájaro, anuncia prisión; con él, libertad.
Jinete: Su caída anuncia algún perjuicio.
Juego: Pérdida de amigos; perder en el juego, cambio ventajoso de posición.
Juguetes: Equivocaciones futuras que nos traerán desgracias. Errores en el trabajo, se nos romperá alguna cosa querida.

Jumento: hermoso y bien enjaezado, cercana unión con una mujer linda y joven, con la que seréis feliz; flaco y en pelo, concubina que os arruinará.

L

Labios: Encarnados, perfecta salud; pálidos, quebrantada.
Lámpara: Encendida, pasiones y sufrimientos; apagada, prematura vejez.
Látigo: Dar con él, desazones para sí mismo.
Laurel: Logro, para los hombres; hijos, para los casados; maridos, para las solteras.
Leche: Amistad de mujer.
Lecho: Hallarse en cama, peligro; una cama bien arreglada, ventajosa posición.
Leer: Favorable noticia.
León: Ver a un león, audiencia con un rey o alto personaje; batirse con un león, indicio de una cercana lucha con un enemigo temible; vencerle, indudable victoria; montar un león, protección; soñar temer a un león, temed la cólera real; comer carne de dicho animal, esperad altas dignidades; la piel del león, próxima opulencia.
Leopardo: Daños varios; dicha y desgracia sucesiva.
Liebre: Favorable adquisición.
Lienzo: Blanco, casamiento; colorado, muerte.
Ligas: Dolencia.
Limón: Disgustos y adversidades.
Limpiabotas: Cercano pleito.
Lirio: Ver un lirio, percibir su aroma o poseerlo durante su correspondiente estación, feliz agüero; en tiempo irregular, vanas esperanzas.
Llagas: Fatales negocios.
Llanura: Ventajas.
Llave: Perderla, indicio de cólera.

Lluvia: Sin vientos, tempestades, etcétera, ganancia y provecho. Si se deshace el cielo en agua, pesares, disgustos, daños y pérdidas.

Lobo: Avaricia, perfidia, crueldad; si se sueña vencer a un lobo, domaréis a un enemigo que tiene todas las cualidades de dicho animal; ser mordidos por un lobo, un cruel enemigo os vencerá.

Loco: Soñar ser loco, dicha y protección de los grandes, para el hombre; nacimiento de un hijo que llegará a hacerse célebre; para la mujer, cercano enlace para la soltera.

Locura: Si soñamos que tenemos una enfermedad mental: seremos afortunados próximamente. Ver a un loco: nuestro hijo se casará o tendremos un hijo. También felicidad.

Lodo: Caminar por el lodo, miseria; enlodarse, enfermedad.

Luna: Verla, aplazamiento en los pagos; si fuere opaca, trae desgracias.

Luz: Buen presagio; muchas a la vez, provecho.

M

Madera: Verse el busto de madera, larga vida.

Malva: Fin de tristezas y expedición en los negocios.

Mano: Tener las manos más bonitas de lo que es regular, logro en los negocios y amor de la familia; ver quemar, secar o cortar la mano, pronostica al hombre la pérdida de su más firme apoyo, y a la mujer, la de su marido o de la razón. Si alguien sueña que su mano ha disminuido de volumen, tema la infidelidad y la cólera de los suyos; soñar que se trabaja con la mano derecha, signo de dicha; con la izquierda, infidelidad; tener muchas manos, dicha y poder; agarrar el fuego con la mano sin quemarse, se vencerán cuantos obstáculos se presenten; batir a alguien mano a mano, cabal acuerdo con su mujer, y riña amorosa si es soltero; contemplarse las manos, dolencias.

Manteca: Comerla, alegría mezclada de disgustos.

Mar: En calma, auxilio de parientes; alborotado, peligro.

Marfil: Pensamiento de joven mujer.

Mariposa: Seremos inconstantes. Mariposa negra: negro presagio, muerte, enfermedad o locura.

Marisco: Vacío, pérdida metálica o de tiempo; lleno, cercano logro.

Mármol: Riña o contienda.

Matadero: Encontrarse en un matadero desprovisto, indica un peligro del que nos afligiremos sin razón; ver matar en él algunos animales, caso que fluya la sangre en abundancia, feliz pronóstico.

Medias: De algodón o de hilo, mediana fortuna; de seda, pobreza; si se las quita, dinero que recibir.

Mejorana: Ver, poseer o percibir su olor, dolor y tristeza.

Melón: Vanas esperanzas, curación de enfermedad.

Miedo: Tener miedo, debe procurar el descanso; promoverlo, invita a tener ánimo en una próxima ocasión.

Miel: Felicidad próxima, tendremos un hijo.

Milagro: Acceso de locura.

Mirto: Declaración amorosa.

Molino: Parado, vida nocturna y triste; en movimiento, existencia feliz.

Mondadientes: Fatal presagio.

Moneda: De oro, mortificación; de cobre, rápida fortuna; de plata, bienestar.

Mono: Ratería.

Montaña: Emprenderemos un largo viaje.

Morcilla: Hacerla, pena; comerla, inesperada visita.

Mordedura: Deseo de cohabitar. Simboliza también tristeza.

Morir: Verse agonizado, indicio de un próximo abandono.

Mostaza: Para los que sean médicos, fatal agüero.

Muerte: De hijo, logro; de parientes o de amigos, unión o nacimiento; abrazar a un muerto, viviréis largo tiempo; un muerto os tira del vestido, amenaza una fuerte enfermedad; un muerto en un ataúd, indigestión; presenciáis la muerte de un anciano, no tardaréis en llorar la de un pariente. Si mueve un brazo, mano o cabeza: peligro de enfermedad. Muerte de un hemano: desaparición de un enemigo. Vernos muertos: presagio de enfermedad.

Mujeres: Ver una mujer, dolencia; muchas a la vez, calumnia; una rubia, feliz suceso; una morena, enfermedad; embarazada, noticia favorable; desnuda, muerte de algún pariente.

Mulato: Ver un mulato, gloria y dicha; a una mulata, peligrosa enfermedad.

Mulo: Malicias y tribulaciones.

Murciélago: Signo de grave accidente próximo para nosotros o un ser querido.

Muros: Cuestiones familiares.

Música: Escuchar melodías o partituras: superación de dificultades.

N

Nalgas: Verse las propias, infamia; las de una mujer, lujuria.

Naranja: Herida y dolor.

Navío: Hallarse en él, si el mar se halla tranquilo, alegría y seguridad en los negocios, y lo contrario, si agitado.

Negocios: Hallarse abrumado por los negocios, felicidad inesperada; salir bien, contrato matrimonial; ir mal los negocios, pronóstico de algún cambio favorable.

Nido: Encontrar un nido de pajarillos, aumento de familia; de orugas, disgustos.

Nubes: Disgustos familiares, riña con nuestro superior.

Nueces: Disensiones y dificultades.

Números: Soñar con cifras sin poder recordarlas al despertar, frustración y futuro descalabro, corporal o económico.

O

Odio: Odiar en sueños a alguna persona, ésta os aborrece.

Ojos: Bellos, alegría; enfermos, faltas de las que no dejará de arrepentirse; amorosos, infidelidad de mujer; salidos, daños propio, o para la familia; cerrados, justa desconfianza; perdidos, desgracia mortal para un hijo.

Olivar: Maridos para las solteras, hijos para las casadas; fortuna para los hombres.

Ombligos: Peligro, lazos, acusación.

Operación quirúrgica: Muerte de familiar o amigo. Si nos la practican a nosotros significa unas veces buena salud, y otras, pérdida de dinero.

Organillo: Tocar o ver tocar un organillo, fallecimiento de un pariente.

Orinar: Si soñamos orinar contra un muro, prosperidad futura; si nos orinamos en la cama (ilusoriamente durante el sueño), pérdida de bienes de fortuna.

Orines: Buena salud.

Oro: Signo de inútil ambición.

Ortigas: Traición.

Osamentas: Travesía e inevitables disgustos.

Oso: Persecución, si os embiste; logro para el que sólo lo ve correr.

P

Paja: Recogida, abundancia; desparramada, miseria.

Pájaros: Recuperamos algo que se nos perdió. Si lo cazamos, pérdida de riqueza. Si son búhos, cuervos o pájaros negros, mal augurio. Si lo oímos cantar: éxito asegurado. Si los agarramos con la mano: futuras desavenencias conyugales. Si los vemos muertos, buen presagio.

Palangana: Llena, dinero; vacía, deudas.

Palmeras: Casamiento para las solteras; logro y dignidades para los hombres.
Palo: Poseerlo, tristeza; apoyarse en él, dolencia; dar de palos, beneficios.
Palomas: Amores y placeres castos.
Pan: Comer pan blanco, provecho para el rico; pan moreno, lucro para el pobre y pérdidas para el rico; comer pan de cebada, salud.
Pantano: Trabajo y pobreza.
Paraguas: Llevarlo cerrado: pene fláccido e impotencia. Llevarlo abierto: abundancia de bienes futuros.
Paraíso: Castos placeres.
Pared: Si os impide el paso, sensibles penas; si la vencéis, regocijos.
Párpados: Abiertos, aprecio general; lo contrario si están cerrados.
Parral: Abundancia.
Partes sexuales: Tenerlas sanas, gozan de salud los parientes, y alcanzaréis nuevos bienes; enfermas, predice lo contrario; tener dichas partes mayores y más vigorosas que los demás presagia fama, fortaleza; si una mujer soñase ser hombre, tendrá un hijo; verse extirpar las partes, pronóstico de cercana muerte o de pobreza para el que sueña, o para sus hijos; soñar un aumento de volumen, alcanzaréis grandes honores, y tendréis un hijo virtuoso y célebre.
Parto: Asistir a un parto, cercana fortuna; si una mujer sin estar embarazada soñare dar a luz una niña, placeres entremezclados con dolores.
Pastor: Su aparición predice que veléis vuestros intereses.
Pavo: Perversidad de pariente o de amigo.
Pavo real: El hombre al que se le aparezca dicha ave tendrá una linda esposa, la mujer un buen marido, y los casados hermosos hijos.

Peces: Abundancia, si fueren grandes; si pequeños, escasez para el que los viere pescar; ser comido por los peces, fluxión, catarro, melancolía; ver o encontrar a los peces muertos, vanas esperanzas.

Pecho: Tener un pecho bien conformado, salud; velludo, lucro para el hombre, pérdida de marido para la mujer.

Peinar: Signo peligroso.

Peine: Pleito y chasco.

Peligro: Correr, feliz suceso; evitarlo, fundada desconfianza.

Peras: Sazonadas, regocijo y placeres; ácidas o silvestres, lo contrario.

Perdiz: Amorcillos.

Peregrino: Viaje.

Perfumes o aromas: Olerlos: nos llegará una importante carta. Simboliza también: placer y dicha.

Perlas: Tristeza.

Perro: Emblema de fidelidad; si duerme, no temáis; si gruñe a vuestros pies, dolencias que ocasionan dispendios; riñe con algún perro, temed algún lazo; ante un gato, tendréis disputas.

Pescar: Con caña, pobreza; con redes, mudanza de tiempo.

Pichones: Felices sucesos.

Piedras: Desazones.

Piernas: Vigorosas y bien conformadas, salud y dicha; hinchadas o ulceradas, desazones y perjuicios.

Pies: Cortados, penas; limpios, glotonería; raídos, parálisis; tener muchos pies, anuncio de daño para uno de la familia; quemarse en el pie, fatal presagio; soñar que se baila, alegría y amistad; ver o torcer los pies a los hijos, placeres, ganancias y perfecta salud; lavarse los pies en una fuente, heridas o enfermedad; besar los pies a alguien, sumo arrepentimiento o ejemplar humillación; ver a una serpiente u otro animal cualquiera al momento de picaros los pies, envidia; os lo muerde o hiere el animal, tristeza; os lavan o per-

fuman los pies, honores y fidelidad; tener fracturado el pie, pérdida, viaje u obstáculo en los negocios; ser cojo, deshonor.
Pino: Pereza y dejadez.
Piojo: Dinero.
Pisar: El suelo, felices negocios; una cama, dilación de pago.
Plata labrada: Comprar, desgracia; vender, logros.
Pobres: Desazones domésticas.
Pordiosero: Serlo uno, confianza de ser dichoso; ver muchos, enfermedad.
Postres: Placeres dispendiosos y funestos.
Pozos: De agua cristalina, buen caudal; turbia, considerables pérdidas; sacar agua, casamiento por la dote; caer en alguno, injurias y humillaciones.
Prisión: Entrar en ella, salud; permanecer, consuelo; salir, peligro.
Puente: Caer desde un puente, locura inminente. Pasar por un puente: noticia alegre próxima.
Puerco: Ocioso que vive a costa vuestra.
Puerro: Revelación de cosas sagradas o cuestiones familiares.
Puerta: Arresto o afrenta.
Puerto: Buena noticia.
Pulgas: Disgustos; reunidas con chinches, piojos, sabandijas y otros bichos, dinero.
Pulmón: Enfermo o herido, daños varios; sano y voluminoso, amparo y salud.
Puñal: Símbolo del pene. Alguien nos traicionará, peligro inminente.

Q

Quemar: Ver quemar o arder, en sueños, uno o muchos edificios con viva llama, sin que se consuman, significa para los pobres que heredarán de los ricos, y a éstos que aumentará su fortuna; pero si los edificios sucumbieran a las llamas, denota lo contrario.

Querella: Constancia y amistad; de hombre, celos; de mujer, tormentos; entre hombre y mujeres, próximo amor.

R

Ramo de flores: Amor y felicidad cuando nos las ofrecen. Paz si la entregamos.
Rapto: Proposición de enlace.
Rasgón: Logro, con el auxilio de un amigo.
Ratones: Presagio negativo, desgracia próxima.
Rayo: Discordia.
Regocijos: Alegría.
Relámpago: Pronostica la pérdida de bienes, o la muerte.
Remos: Encontrarse en una embarcación y remar, estorbos y fatigas; romper un remo, peligro de muerte; ver bogar a los demás, buena noticia.
Reptiles: Falsos amigos.
Retrato: Larga vida para la persona retratada; traición para el que lo acepta.
Riachuelo: De agua cristalina, empleo lucrativo y honorífico; turbia, desazones domésticas por los enemigos; de agua limpia y que fluye en abundancia, curación de enfermedades.
Riña: Promovida entre dos amantes, casamiento feliz; entre amigos, pérdida metálica.
Río: Nadar en él, próximo daño; encontrarse en un impetuoso río y no poderse liberar, peligros, enfermedades y pleitos interminables; ver un río apacible y poco caudaloso, posesión de una linda mujer, o logro de sus anhelos; un río transparente recorre vuestra habitación, poderoso protector; su agua es turbia, querellas y desórdenes.
Roble: Riqueza y longanimidad.
Robo: Si nos asaltan o roban: fallecimiento de un ser querido.

Rocas: Encontrarse en la cima de un peñasco, preparaos para muchas penas; os es imposible descender, pérdida de pariente o amigo.

Rosas: Ver, poseer o percibir su olor en su correspondiente estación, buena señal, excepto para los enfermos.

Rueca: Pobreza.

Ruido: Percibirlo, alegría; producirlo, vanidad castigada.

S

Sacerdote: Verlo en sueños, signo de próxima agonía para algún conocido, símbolo de hipocresía.

Saco: De moneda, buena suerte; de trigo, bienestar; de cualquier otra cosa, desesperada empresa.

Sala: Tristeza

Salteadores: Perderéis algún pariente.

Salto: Persecución.

Salvia: Ver, poseer o percibir su olor, trabajo y tristeza.

Sangre: Dolor, tristeza futura, enfermedad leve, ver su propia sangre, herencia; perderla, penas.

Sardinas: Cuestiones internas.

Sastre: Pérdidas que no dejarán de reiterarse.

Sed: Ambición desatendida. Fracaso futuro.

Seda: Presagio de opulencia.

Seno: De una nodriza, matrimonio; de una novia, parto feliz; de una joven, dinero, dicha y placeres; enfermo, signo mortal para el paciente.

Sermón: Beneficencia, amabilidad.

Serpiente: Signo fálico, presagio de enfermedad, vida larga, buena suerte. Si la matamos, triunfo en los negocios o en la vida. Si se nos enrosca, impotencia y esclavitud.

Sesos: Comprarlos o comerlos: larga enfermedad.

Sexo: Los órganos de ambos sexos, feliz agüero.

Sillón: Empleo honorífico.

Sol: En Oriente, feliz nueva; en Occidente, fatal pronóstico; cubierto, daño personal; resplandeciente, gloria; rojo, contrarios negocios; ver a la vez el Sol y la Luna, sangrienta guerra.

Sombrero: Ver a una persona con sombrero roto, mal presagio; sombrero suelto o abandonado: deseo de cohabitar.

Sortija: Aceptarla, amistad; ofrecerla, confianza.

T

Taberna: Hallarse en ella con los amigos, alegría y consuelo; encontrase solo, disgustos y vergüenza.

Tapicería: Fabricarla, alegría sin provecho.

Té: Efímera tristeza.

Techo: Pérfida y seductora inclinación; correr por el techo, amenaza un peligro; caer, cercana catástrofe.

Tempestad: Sufriremos humillación o tristeza.

Tenedor: Parásitos.

Tenazas: Persecución.

Terciopelo: Riqueza.

Terremoto: Ruina, fallecimiento si los vemos pasivamente; pero si lo sufrimos y corremos en el curso de un seísmo, progresaremos en el futuro.

Tierra: Fértil, linda y virtuosa consorte; árida, esposa terca y regañona; espaciosa, placer y riqueza; sembrada de trigo, trabajo provechoso.

Tigre: Odio; si le derribas, suceso.

Tijeras: Riña o desavenencia conyugal o entre amigos. Disgusto en nuestro lugar de trabajo.

Tocador: Verse en el tocador, pronóstico de peligro inminente.

Toneles: Riqueza, abundancia.

Torno: Esclavitud.

Toro: Tendremos un futuro próspero. Subiremos de nivel social.

Torrente: Simboliza el coito o el semen.
Tórtola: Convenio entre esposos; unión, para los solteros.
Tortuga: Se para ante nosotros, tenemos secretos enemigos; comer tortuga, promoción de disgustos para no lograr nada.
Trigo: En una espaciosa era, ventajoso enlace; segado, fortuna por el comercio.
Tumba: Correremos graves peligros. Si está la losa cubierta de flores, mejor augurio dentro de la adversidad.
Túnica: Miseria para el que la viste.

U

Uñas: Muy crecidas, provecho; muy cortas, pérdida; arrancarse las uñas, peligro de muerte.
Uvas: Felices distracciones.

V

Vajilla: De estaño, barro o porcelana, existencia quieta y feliz.
Valija: Llena, cuidad vuestros intereses; vacía, guardad dinero.
Vasija: Simboliza la vagina. Si nos dan una vasija o vaso vacío, nos empobreceremos. Un vaso rebosante de agua o vino, prosperidad. Apurar una copa, signo de fortuna.
Veleta: Fatal volubilidad.
Velo: Velo propio, signo de muerte para un amigo. Velo negro en otra persona, enfermedad propia.
Vello: Signo de opulencia.
Venganza: Pleito ruinoso.
Venta: Si vendemos frutas, prosperidad. Venta de leche, buen augurio. Venta de una casa: desgracia. Venta de vino: alegría futura. Venta de pan, término de enfermedad.

Ventana: Arrojarse por la ventana, pérdida de pleito; deslizarse por la misma, temed una quiebra; una ventana abierta, protección con los grandes; cerrada, obstáculos.

Verdugo: Catástrofe.

Vestido: Sucio o despreciado, pasajero desprecio; elegante, aprecio no muy provechoso; de varios colores, desazones.

Viaje: A pie, perjudiciales e insuperables obstáculos; a caballo, fortuna próspera; en carruaje, buena ventura; viajar armado, elección de esposa; en tren, dicha futura.

Viento: Ansiedad futura. Dolor y desdicha en la vejez.

Vientre: Abultado, buen presagio; flojo, obstáculos; de mujer, unión ilícita; de hombre, amor mal correspondido.

Viña: Fecundidad.

Violeta: En su correspondiente estación, alcance amoroso; fuera de ella, pérdida de bienes.

Violín: Escuchar arpegios de violín, boda feliz. Tocar el instrumento: fracaso de nuestros planes.

Virgen: Alegría inocente.

Visitas: Recibir una visita agradable, parabienes de alguien y trabajo dificultoso en el futuro. Recibir a una persona que nos resulta antipática: peligro de enfermedad.

Volantines: Verlos bailar a la maroma, alegría; dar volteretas, disgustos.

Volar: Miedo al futuro.

Y

Yedra: Franca amistad.

Z

Zapatos: Nuevos, ganancias; perderlos, pobreza inevitable.

Zarzal: Esconderse en un zarzal, peligro.

Zodíaco: Contemplar alguno de sus doce signos, feliz agüero.

Zurcido: Soñar que se lleva la ropa zurcida, señal de que prosperaremos en la vida.

Zurdo: Soñar que somos zurdos, vendrá una persona que nos es indeseable.

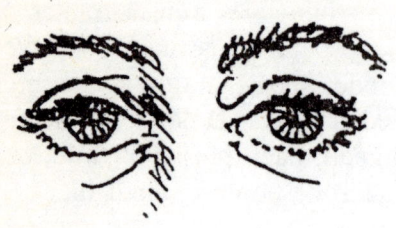

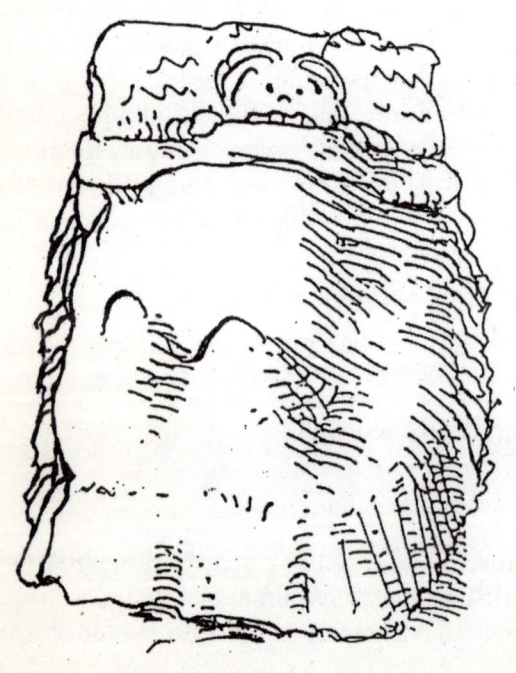

I
HISTORIA DE LOS SUEÑOS CÉLEBRES REALIZADOS

Cuando el cuerpo duerme, vela el espíritu.
Hipócrates
Cuántos incrédulos se habrán mil veces arrepentido de haber despreciado los saludables consejos dictados por los sueños.

José, hijo de Jacob, vio durante un sueño que las gavillas hechas por sus hermanos se inclinaban hacia la suya, y en otro estando rodeado el Sol, la Luna y once estrellas, éstos (le) adoraban; cuyo sueño se realizó del modo siguiente: Por la omnipotente gracia del Señor llegó José a gobernar Egipto, y en tanto que aquel país se hallaba devastado por el hambre, suministró trigo a sus padres y hermanos, colmándolos de bienes y regalándoles después la tierra de Gesén.

* * *

Apareciose durante un sueño al patriarca Jacob una escala que se apoyaba en el cielo y en la tierra, y los ángeles bajaban y subían a su vez por ella. Apoyado el Señor en dicha escala, prometió a Jacob y a su posteridad la tierra en que éste dormía, anunciándole que toda su descendencia sería bendita en ella, lo que correspondió con la visión.

* * *

Daniel, hijo de Judas, tuvo un sueño, la visión del macho cabrío, de esta forma:

Y levanté mis ojos y miré, y he aquí un carnero que estaba delante de una laguna, el cual tenía unas astas altísimas, y la una más que la otra, y que iba creciendo. Después vi al carnero que acornaba hacia el poniente, y hacia el septentrión, y hacia el mediodía, y ninguna bestia podía resistirle ni librarse de su poder; e hizo cuanto quiso, y se engrandeció. Estaba yo considerando esto, cuando he aquí que un macho cabrío que venía de hacia el Occidente, recorría toda la tierra, y tan rápidamente que no tocaba el suelo. Tenía el macho cabrío un asta muy notable entre sus ojos. Y se dirigió contra aquel carnero bien armado de astas, que yo había visto que estaba delante de la puerta, y embistió hacia él con todo el ímpetu de su fuerza. Y al llegar cerca del carnero, le atacó furiosamente e hirióle, y le rompió ambas astas, y no podía el carnero resistirle, y después de haberle echado por tierra, le holló, sin que nadie pudiese librar de su poder al carnero. Este macho cabrío se hizo en extremo grande; y cuando hubo crecido fue quebrantada el asta grande, en cuyo lugar nacieron cuatro astas con dirección a los cuatro vientos del cielo.

Y de la una de éstas salió un asta pequeña, la cual creció mucho hacia el mediodía, y hacia el Oriente, y hacia la tierra fuerte o de Israel.

Y se elevó hasta la fortaleza del cielo, y derribó al suelo parte de los fuertes y de las estrellas, y las holló. Y se engrandeció hasta contra el príncipe de la fortaleza, y quitóle el sacrificio perenne, y abalió el lugar de su santificación. Y le fue dado poder contra el sacrificio perpetuo, a causa de los pecados del pueblo; y la verdad será abalida sobre la tierra; y él comprenderá cuanto se le antoje y saldrá con su empresa.

Y oí a uno de los santos que hablaba; y dijo un santo a otro que yo no conocí, y que estaba hablando. «¿Por cuánto tiempo durará lo que se significa en la visión acerca del sacrificio perpetuo, y acerca del pecado, causa de la desolación y en orden a ser hollado el santuario y la tierra fuerte de Israel?» Y le respondió: «Por espacio de dos mil trescientos días enteros», o por la tarde y mañana; y después será purificado el santuario. Dios se le apareció a Abraham en sueño pidiéndole que sacrificara en holocausto a su único hijo Isaac.

* * *

Dios revela a Joel, hijo de Petuel, en sueño: Escuchad, ¡oh anciano!, y atended también vosotros moradores todos de la tierra de Judá, lo que os va a suceder ya sucedió en tiempo de vuestros padres; de ello hablaréis a vuestros hijos, y vuestros hijos hablarán a los suyos, y los hijos de éstos, a los que vayan viniendo.

«Lo que dejó la oruga se lo comió la langosta, y lo que dejó la langosta se lo comió el pulgón, y lo que dejó el pulgón se lo comió el ameblo. Despertaos, llorad y alzad el grito todos los que estáis bebiendo alegremente el vino.»

* * *

Ezequiel, visión del agua saludable:

Y me hizo volver hacia la puerta de la casa de Yavéh; y vi que brotaban aguas debajo del umbral de la casa hacia el oriente, pues la fachada de la casa miraba al oriente, y las aguas descendían hacia el lado derecho del templo, al mediodía del altar. Y me condujo fuera por la puerta septentrional e hízome dar la vuelta hasta la puerta exterior que cae al oriente, y vi las aguas salir a borbotones por el lado derecho. Aquel personaje, pues, dirigiéndose hacia el oriente, y teniendo en su mano la cuerda de medir, midió mil codos desde el manantial;

y en seguida me hizo vadear el arroyo, y me llegaba el agua a los tobillos. Midió en seguida otros mil codos, e hízome vadear el agua, que me llegaba a las rodillas; de nuevo midió otros mil, y allí hízome vadear el agua, la cual me llegaba hasta la cintura; y medidos otros mil, era ya tal el arroyo que no pude yo pasarlo, porque habían crecido las aguas de este arroyo profundo de modo que no podía vadearse.

Díjome entonces: «Hijo de hombre, bien lo has visto»; e hízome salir, y volvióme a la orilla del arroyo. Y así que hube salido, he aquí en la orilla del arroyo un grandísimo número de árboles a una y otra parte. Y díjome: «Estas aguas que corren hacia los montones de arena al oriente y descienden a la llanura del desierto entrarán en el mar y saldrán; y las aguas quedarán salutíferas. Y todo animal viviente de los que andan serpeando por donde pasa el arroyo tendrá vida; y habrá allí gran cantidad de peces después que llegaren estas aguas; y todos aquellos a quienes tocare este arroyo tendrán salud y vida. Y los pescadores se pararán junto a estas aguas: desde En-gaddí hasta En-egláyim se pondrán redes a enjugar; serán muchísimas las especies de peces y en grandísima abundancia, como los peces en el mar grande. Pero fuera de sus riberas, y en sus lagunas o charcos, no serán salutíferas las aguas; y sólo servirán para salinas.

»Y a lo largo del arroyo nacerá en sus riberas de una y otra parte toda especie de árboles fructíferos; no se les caerá la hoja, ni les faltarán frutos nuevos; pues las aguas que los riegan saldrán del santuario; y sus frutos servirán de comida, y sus hojas para medicina.»

* * *

Después de haber adorado los tres Reyes Magos en Belén al niño Jesús, se les apareció en sus sueños un ángel indicándoles una nueva vía, con el solo objeto de escapar de la muerte que les preparaba Herodes. Obedecieron a esta aparición y se salvaron.

* * *

Un ángel avisó a San José, esposo de la Santísima Virgen María, que, cuanto antes, condujera a ésta y a su hijo Jesús a Egipto, con el fin de salvarle de la barbarie de Herodes, cuando el degüello de los inocentes.

* * *

Soñó el rey Faraón descubrir un río, del que salieron siete vacas hermosas y gordas, que en breve tiempo fueron devoradas por otras siete vacas asquerosas y macilentas. Vio igualmente en aquella misma noche cómo siete espigas secas y estériles destruían a otras siete fructuosas y muy provistas de grano. Llamado entonces José para que interpretara aquel sueño, dijo: «Las siete vacas llenas y las siete espigas fructuosas indican siete años de abundancia para Egipto y las siete vacas asquerosas y las siete espigas estériles anuncian otros tantos años de escasez. Preciso será, pues, que para los primeros siete años se formen acopios para los segundos, si no queréis que aquella plaga destruya vuestro reino.» Púsose en plan lo que dijo José y se salvó Egipto.

* * *

Hécuba, consorte de Príamo, soñó dar a luz una antorcha encendida que abrasaba la ciudad de Troya. Fatal pronóstico de la ruina de su imperio, de su mente y la de todos los suyos.

* * *

Soñó Astiage, rey de los Medas, que su hija produjo una vida, con lo que quedó pronosticado el esplendor, riqueza y felicidad de Ciro, nacido de la hija de dicho rey, posteriormente a este dueño.

* * *

(Año de Roma 264.) Al principiar unos juegos populares, un padre de familia pasó por el circo Flaminio precedido de su esclavo, al que mandaba azotar y conducir al suplicio con la horca a cuestas. Atinio, plebeyo, fue avisado por el cielo, mediante un sueño, el que notificó a los cónsules, que Júpiter no había podido ver tal proceder sin indignarse; advirtiendo que si no era la vez postrera, o si en los siguientes juegos no se remediaba, se vería precisado a castigar a aquel pueblo; pero Atinio guardó el más profundo silencio, temiendo exponerse, dando margen a escrúpulos en el ánimo de los magistrados. En breve una repentina muerte le arrebató a su hijo, y en la siguiente noche se le apareció otra vez Júpiter, diciéndole: «Atinio, ¿aún no te hallas suficientemente castigado por tu desobediencia?» Pero él, persistiendo en las mismas ideas, hizo el mismo caso que de la aparición anterior.

Atacado de parálisis, fue entonces cuando se decidió a hacerse conducir en silla de manos al tribunal de los cónsules, y de allí al Senado. Apenas hubo satisfecho la misión, cuando, con gran admiración de cuantos se hallaban presentes, recobró el uso de sus miembros, regresando a casa por sus propios pies.

* * *

(Año de Roma 413.) Durante la guerra con los latinos, los cónsules P. Decio y T. Manlio Torcuato tuvieron un mismo sueño, hallándose acampados al pie del Vesubio. Aparecióseles a ambos un incógnito, participándoles que los dioses infernales y la tierra, madre común del género humano, reclamaban por víctima a uno de los jefes de cualquiera de los dos bandos y todo el ejército de su adversario; es decir, que el cónsul romano que atacaría el primero y sacrificaría su propia vida, fuera el que daría la gloria a su patria. Al despuntar el alba, Decio y Torcuato dirigieron sus ofrendas a los dioses, ya para servir de expiación, caso que cambiara el presagio, ya de señal inequívoca de que se hallaban prontos a sus voluntades, caso que permaneciera inalterable el querer divino. Las entrañas de las víctimas confirmaron el noble sueño, quedando entonces convenido que el primer cónsul se viera replegar el ala confiada a su mando, sellaría con su vida la salvación de la patria. Atacaron uno y otro con valor, pero los dioses le exigieron la vida a Decio.

* * *

(Año de Roma 626.) El sueño más singular advirtió a Cayo Graco de la suerte que le esperaba. Habiéndose dormido profundamente, vio en forma a su hermano Tiberio Graco, anunciándole la total imposibilidad de evitar el cruel destino que a él mismo le había arrebatado la vida, echándole del Capitolio. Cayo Graco, antes de tomar posesión de este digno tribunado que heredó de su hermano, refirió personalmente dicho sueño a varios individuos, pero fue ya tarde, puesto que no atendió a la inspiración fatídica.

* * *

(Año de Roma 695.) Desterrado Cicerón de Roma por las tramas de sus enemigos, detúvose en una casa de campo cerca de Atinia, donde se durmió. Parecióle que extraviado en desiertos países, dio con Mario, cercado de toda la pompa de la dignidad consular, y que preguntándole este general por qué andaba triste y errante, le refirió su desgracia, el cual, entonces, tomándole por la mano, entregó a su primer lictor que le condujo a un palacio que había hecho construir, asegurándole que allí le aguardaba mejor suerte. El tiempo acreditó esta promesa, puesto que en el templo de Júpiter, monumento erigido por los desvelos de Mario, fue donde el Senado expidió el decreto de gracia al célebre orador.

* * *

(Año de Roma 709.) Calpurnia, esposa de Julio César, vio en sueños a su marido acribillado de heridas y expirando en sus brazos, durante la última noche de la vida que contó este héroe. Horrorizada de tal espectáculo, le suplicó no fuera al siguiente día al Senado; pero desechando César su conducta al sueño de una mujer, dirigióse a la asamblea, donde unas manos parricidas le inmolaron a su furor.

***

(Año de Roma 711.) La noche anterior a la sangrienta batalla de Filipos, Artorio, médico de Augusto, vio en sueños a la diosa Minerva que le mandaba advirtiese al emperador asistiera al próximo combate, a pesar de la peligrosa enfermedad que lo tenía postrado en cama en su tienda. Obedeció Augusto, y en tanto que colocado en su litera entre el ejército velaba su causa, apoderóse Bruto de su campamento, e infaliblemente hubiera sido su prisionero, de haber despreciado el oráculo de Minerva.

***

(Año de Roma 733.) Después de la batalla de Accio, Casio de Parma, partidario de Antonio, se refugió en Atenas. Abatido por los disgustos y la inquietud, echóse en una cama y entregóse al sueño; pero como a la media noche le pareció se le acercaba un gigante, negro de carnes, esparcidos cabellos y barba desgreñada, el cual preguntado quién era le respondió:

—Tu genio maléfico.

Sobresaltado Casio, llamó a sus esclavos; más, asegurado de que nadie había entrado ni aislado, se aquietó, recobró el sueño, pero vio otra vez al gigante sin que pudiera alcanzarle... Muy corto tiempo medió entre aquella triste noche y el día de la ejecución.

***

Encontrándose Atinio Rujo en Siracusa cuando se celebraban los juegos de los gladiadores, le pareció en sueños que un reciario le atravesó el pecho con la espada. Al día siguiente en que tenía lugar la fiesta, relató su ensueño a los espectadores que le rodeaban; mas apenas lo hubo verificado, cuando entró en la arena, por el lado donde se hallaba el caballero romano, un reciario provisto de su red. Al momento Rujo exclamó: «He aquí el que me asesinaba anoche», e intentó retirarse; pero habiendo logrado los que le cercaban disipar su terror, le ocasionaron la muerte, puesto que el reciario le enredó con su red y le tumbó. Intentando castigársele, siendo así que había vencido, mató a Rujo.

* * *

(309 antes de J.C.) Hallándose Amílcar, general cartaginés, sitiando a Siracusa, creyó oír durante su sueño una voz que le dijo: «Mañana comerás en esta ciudad que sitias.» Llevado de la alegría, cual si el cielo le prometiera la victoria, dispone su ejército para el asalto; pero habiéndose promovido disensiones entre los cartagineses y los sicilianos que formaban parte de sus tropas, y aprovechándose de esta coyuntura los siracusanos, verificaron una valerosa salida, en la que se apoderaron de su campo y le entraron prisionero en ella. Engañado, más por la esperanza concebida que por el sueño, comió verdaderamente en Siracusa, pero no vencedor, sino cautivo.

* * *

Antes de emprender Aníbal sus formidables expediciones contra los romanos, soñó que el cielo le había enviado, para guiarle contra Italia, un joven de sobrenatural estatura. Al momento, según su consejo, siguió ciegamente y sin volver la cabeza sus pasos, mas, llevado cuanto antes por aquel instinto natural que nos impele a querer indagar lo misterioso, mira atrás y ve una colosal serpiente que con su movimiento rápido derriba y destroza cuanto se opone a su paso. Desencadénase desde luego las tempestades, ruge el trueno y encapota el cielo con densas nubes. Admirado Aníbal, pide a su guía la explicación del presagio.

—Lo ves —le respondió—, es la devastación de Italia, Tu deber es guardar sigilo y abandonar lo demás a los secretos consejos del sino.

* * *

Llevando la reina Olimpia en su seno a Alejandro el Grande, soñó que su marido, el rey Felipe, había puesto en su vientre un sello con la efigie de un león, lo que pronosticó el valor, magnanimidad y conquistas del futuro monarca.

* * *

(323 antes de J.C.) Alejandro, rey de los macedonios, fue muchas veces avisado en sueños que cuidara de asegurar sus días, pero hubiera sido necesario que la fortuna le hiciera prudente en los peligros. En efecto, no dejó de conocer por sus ensueños que no le era favorable la amistad de Casandro, el cual se presentó al rey en una época cercana a uno de aquellos avisos; pero éste, reconociendo en aquél la imagen que le había afectado, se contentó con recitar un verso griego sobre la locura de los sueños. La mayor parte de los autores antiguos están acordes en que Casandro, hijo de Antipáter, hizo prisionero a Alejandro el Grande.

* * *

(403 antes de J.C.) Dos íntimos amigos arcades y compañeros de viaje llegaron a Magara, y se retiraron el uno en casa de su huésped y el otro en la posada. Soñó el primero que su amigo le rogaba fuese a salvarle de las tramas del posadero, reclamándole el pronto auxilio contra un peligro de consideración. Despiértase sobresaltado, abandona la cama, dirígese a la posada... y, por una funesta fatalidad, retrocede y, avergonzándose de haber dado crédito a un sueño, vuélvese al lecho y se entrega de nuevo al descanso. Poco después se le aparece su amigo, enteramente mutilado, rogándole que, supuesto que no quiso salvarle la vida, vengara a lo menos su muerte, y añadió que en aquel mismo instante su asesino con-

ducía su cadáver fuera de la ciudad en un carromato de estiércol. Salta el arcade de la cama, corre a las puertas de Megara, encuentra el carromato, descubre a su amigo y prende al posadero, que no tardó en sufrir la pena destinada a los asesinos.

* * *

(404 antes de J.C.) Algunos días antes de su muerte viose Alcibíades en sueños cubierto con el manto de su querida, el cual fue el mismo que sirvió, cuando le asesinaron, para envolver su cuerpo, abandonado al aire libre.

* * *

(405 antes de J.C.) Cuando Dionisio de Siracusa no era más que un simple particular, una gran señora de la ciudad de Himerea se imaginó, durante sus horas de descanso, que trasladada al cielo recorría las divinas montañas, y que contemplaba bajo las plantas de Júpiter a un hombre colosal, de blondos cabellos, de rostro cubierto de pecas y que oprimido por las cadenas dejaba exhalar de su pecho lastimeros quejidos. «¿Quién es este desgraciado?», preguntó al joven que le servía de guía. «Es», le respondió, «el genio maléfico de la Sicilia y de la Italia, el cual, una vez se le suelte, será la ruina de infinitas ciudades». Propagóse al momento la noticia de este sueño y celosa la fortuna de la libertad virtuosa rompió las cadenas a Dionisio, lanzándole cual el rayo a través de la paz y la tranquilidad de los pueblos. Encontrándose entre la muchedumbre que acudió, cuando su entrada en Himenea, ya para verle, ya para rendirle homenaje, aquella mujer exclamó: «He aquí el hombre que vi en mis sueños». Por lo que el tirano la hizo matar.

* * *

El haber soñado el poeta Simónides, cuando intentaba embarcarse, con una tempestad, le impidió efectuarlo. En verdad, vio cómo el mar se tragaba a sus futuros compañeros de viaje, y se dio la enhorabuena de haber más bien fijado la vista a un sueño que a un débil madero. Agradecido de ello lo inmortalizó con un hermoso poema.

* * *

Encontrándose Vespasiano en la isla de Acaya con Nerón, vio en sueños a un desconocido que le predijo empezaría su fortuna cuando arrancaran un diente a este emperador. Durante el día y al salir de su casa, el primer sujeto que se le presentó fue un médico que acababa de practicarle dicha operación. No tardó en morir Nerón, así como su sucesor Galba, y aprovechándose Vespasiano de la discordia de Otón y Vitelio, hízose proclamar emperador.

* * *

Soñó Septimio Severo que el emperador Pertinax se encontraba moribundo a causa de una caída de caballo, y que él montaba el imperial corcel. Aquel suceso se realizó, pues Septimio Severo fue elegido emperador en reemplazo de Pertinax.

* * *

Guiando el emperador Constantino su ejército contra Majencio, vio en sueños una resplandeciente cruz y oyó decir sería vencedor si se valía de este venerado signo. Mandó al momento que, al darse la batalla, uno de los más valientes capitanes de su ejército llevara una cruz adornada de oro y piedras preciosas, y en efecto, con este feliz presagio, destruyó las tropas de Majencio y sucumbió éste.

* * *

Cuando la revolución de los sajones bajo el mando de Vitilkind, en el año 773, vio Carlomagno en sueño densas nubes, surcadas por los relámpagos, que iban agrupándose sobre su cabeza (signo que predijo las revoluciones), y que un sol radiante las disipó cuanto antes.

* * *

Ricardo Corazón de León vio en sueños que durante la noche un perro se batía con otro y que una antorcha que tenía en la mano iba extinguiéndose. Esta noticia de estratagemas y aprisionamientos precedió dos semanas a su arresto, por Leopoldo, duque de Austria, el cual le entregó al emperador de Alemania, Enrique VI, apellidado el Cruel; Ricardo fue dos años su prisionero.

* * *

La noche que precedió al asesinato de Enrique VI por Ravaillac (1610), vio aquél en sus sueños el arco iris encima de su cabeza, signo de muerte violenta.

* * *

No desistió Cromwell ante la ejecución de Carlos I, no obstante el terrible sueño que experimentó al anochecer del día de la sentencia (26 de enero de 1649). Veíase en un cementerio (presagio de futura prosperidad), ante el verdugo (indicio de sangrientas catástrofes), que le colocaban en la cabeza una corona de huesos.

* * *

En 1668 Luis XIV combatía, en sueños, con un fuerte león y le tumbó. Poco después conquistó en dos meses el Franco Condado.

* * *

En 1713, José Tartini, hábil compositor, oyó ejecutar por el diablo, en una noche de verano, con una superioridad admirable, un solo de violín de un estilo original y de sin igual melodía. Apenas despierto Tartini, recordó y anotó aquella música singular, y es la obra que hoy día se conoce por *La tocata del diablo*.

* * *

José II, emperador de Alemania, soñó, cuando niño, que caracoleaba apoyado en los estribos. Testigo es la historia de su singular pasión a viajar, cual la indicó ya este sueño.

* * *

La reina de Francia, María Antonieta, en su prisión vio en sueños, pocas horas antes de despertarse, el nefasto 21 de enero de 1793, un sol rojo (signo fatal) elevarse por encima de una columna que no tardó en desplomarse (pronóstico de la muerte de un gran personaje).

* * *

Trabajando el jesuita Maldonado en un sabio comentario sobre los cuatro evangelios, vio durante muchas noches a un hombre que le exhortaba a terminar esta obra, supuesto que le restaban muy pocos días de vida. Al propio tiempo le señaló una porción de vientre en la que Maldonado experimentaba fuertes dolores, de los que murió apenas terminada su tarea.

* * *

Veíase comúnmente en su juventud, Juan Jacobo Rousseau, revestido de un uniforme, anuncio de celebridad.

* * *

En la víspera de Waterloo, a Napoleón se le apareció en sueños, por dos veces repetidas, un gato negro (signo de traición), que corría de uno a otro ejército. El que abandonó fue destrozado (fatal agüero). ¡Quién ignora el tristísimo resultado de la batalla del siguiente día!

II
EL VIAJE AL FUTURO

Premonición y adivinación

En los albores del siglo XXI, las posibilidades de lo que es capaz la complejísima máquina que es el cerebro humano, aún permanece en su mayor parte ignorada.

* * *

La adivinación es un arte o una facultad tan antigua como la humanidad. Su veracidad no ofrece duda.

* * *

Pero interrogante como ésta siempre está presente en todos nosotros: ¿cómo puede el cerebro realizar una prospección en el futuro, sobre sucesos que no existen, ya que aún no se han producido?

Todas las civilizaciones que han poblado la tierra han sentido la ardiente curiosidad por conocer y descubrir lo que ocurrirá en un futuro remoto; traspasar la barrera del tiempo suponía, para cualquier civilización pasada, el ser tan potente como el Dios creador y controlar a todos los seres que le rodean y llegar a ser inmortal quien lograra traspasar esta barrera; sin importarle para nada el físico si la mente pudiera explorar en profundidad el inmenso túnel temporal.

Cuarenta siglos atrás, a orillas del Éufrates, es cuando comienza a florecer la magia; en sus comienzos los adivinos se servían de los meandros que la grasa formaba sobre charcas de agua para leer el porvenir; la contemplación de las estrellas desde altas torres de piedras les daba pistas misteriosas para descubrir acontecimientos venideros; los sueños, el rumor de las hojas de los espesos bosques y la consulta de vísceras aún sangrantes de corderos ofrecidos en un ritual de sacrificio, servían para que los magos se elevaran sobre castas inferiores de la población, que no hacían otra cosa nada más que venerar a estos seres con temor y admiración.

Es así como surgieron las mancias; rica constelación de artes adivinatorias, que se servían para estos menesteres desde lanzamientos de pequeños huesos al aire, hasta timos de las aves canoras.

Desde sus comienzos hasta nuestros días la magia ha pasado por muchos campos de acción, hasta llegar a la conclusión de si es posible vencer el tiempo y prospectar uno por uno todos nuestros sucesos venideros que jalonarán nuestra vida y la de toda la humanidad.

Tanto los esoteristas como los parapsicólogos los afirman y corroboran, aunque matizan conjuntamente que es casi imposible conocer en su totalidad todas las vivencias que el futuro nos reserva. El mejor de los videntes, o el más excelente de los mánticos, sólo podrá vislumbrar, y en ocasiones sólo vagamente, algunos episodios del porvenir; tal que un viajero perdido en la niebla, que sólo alcanzaría atisbar en lontananza y entre las brumas las débiles y parpadeantes luces de una lejana población, asimismo los chamanes, los astrólogos, los dotados psíquicos, podrán lograr en ocasiones vislumbrar, entre la densa neblina del tiempo, situaciones que fatalmente luego se cumplirán.

Muchos pensadores se han sobrecogido con el descubrimiento de este último problema de determinio fatalista, el «estaba escrito» de los adeptos musulmanes se acepta ya por millones de contempladores pendientes de los acontecimientos, como si fuese un flujo de eventos que necesariamente tiene que seguir una rígida trayectoria sin ni tan siquiera apartarse un ápice de las leyes tan inflexibles que lo rigen; estas personas tienen el convencimiento de que son como pasajeros en un navío, que aunque la mar se encuentre en calma y el viaje sea lento y parsimonioso fatalmente les conducirá a un puerto prefijado; aunque los intentos de moverse libremente sobre la cubierta del navío con la ilusión de variar el rumbo jamás lo lograrían modificar.

Entre los siglos XVII y XVIII, alrededor del convento de Port Royal y del gran Blas Pascal, florece la secta herética del cristianismo llamada jansenistas, que en su teología dieron a conocer que Dios predestina al hombre hacia el bien o hacia el mal; sin embargo, hoy en día los fatalistas sostienen que la conducta de toda la forma de vida orgánica, o inorgánica, que hay sobre la tierra, como los animales y hombres, la cinética de rocas y estrellas, y la trayectoria de cualquier pequeña partícula en el universo, está fatalmente fijada en el tiempo por unos principios inmutables. Todas las cosas fatalmente tienen que suceder; el hombre no goza de libertad para el cambio de destino; el pensar en un libre albedrío sólo es una ficción sin fundamento.

Si esto lo aceptamos como cierto, sin reparar en ninguna consecuencia que pueda aportarnos esta doctrina, huelga hablar también de maldad, de crimen de azar en la conducta, ya que el hombre no es responsable de sus actos delictivos ante la ley y la sociedad, por tanto sobran las cárceles y los castigos.

Sueños y premoniciones

A lo largo de toda la historia son numerosos los testimonios acerca de que en el transcurso de un sueño se puede vislumbrar algún acontecimiento futuro. Durante siglos estos fenómenos oníricos se mantuvieron rodeados de una aureola de misterio, contribuyendo aún más a la certidumbre de que el estado psicofisiológico de conciencia alterada permitía abrir una puerta a la barrera que nos separa del futuro.

Relatos históricos de sueños, contados y recontados una y mil veces, han calado como una flecha en la resistencia de personas escépticas; recordemos el sueño experimentado en mayo de 1812 por el ingeniero inglés John Williams, donde vio en Carmelles, mientras dormía, el Parlamento Británico y la escena así descrita:

> «Me veía en un pasillo de la Cámara de los Comunes, de repente vi cómo se me cruzó un hombre, personaje que me llamó la atención, vestido con levita color azul y medias negras. Su rostro no me era del todo desconocido, pero no conseguía descubrir quién era; de repente surge la figura de otro hombre tan espontáneamente que no me dio tiempo a sentirlo llegar, sólo aparecer; era alto y tocado con un chaqué de color pardo y ostentosos botones dorados, que se sacó una pistola de chispa, disparando varias descargas sobre el primer hombre; vi desplomarse a este hombre y caer al suelo sangrando abundantemente por el costado izquierdo, a la vez que gritos y alborotos de la multitud de gentes que manaban por doquier; pude a bien llegar a la víctima y arrodillarme ante ella y seguía sin reconocer su rostro; a uno de los espectros que alborotaban alrededor pregunté de quién se trataba, a lo que me contestó al instante: ¡Es el lord!, ministro de Hacienda, Sir Spencer Perceval.»

El ingeniero John Williams narró a su esposa, familiares y amigos el sueño que tan inquieto le tuvo durante la noche y preocupado le mantenía ahora durante el día; algunas autoridades locales, a las que también llegaron a sus oídos el sueño, aconsejaron a Williams que viajara a Londres, o que al menos advirtiera al ministro escribiéndole una carta.

Williams no se atrevió a nada, el racionalismo y su timidez vencieron a sus temores y deseos; vinieron a su mente pensamientos tales como que sería el hazmerreír de todos, al contar un sueño tan incrédulo. Pasados diez días de su pesadilla, cuando ya Williams la tenía olvidada, el 13 de mayo, uno de sus hijos irrumpe en su despacho gritando despavorido a la vez que le mostraba un ejemplar del periódico de la localidad: «¡Padre, el sueño que usted tuvo se ha realizado: han matado a Sir Perceval hace dos días, en un pasillo del Parlamento!»

* * *

Científicamente nada ni nadie nos puede aclarar nada acerca de cómo pueden acceder hasta nuestra conciencia los flujos informativos que proceden del futuro; hasta para admitir que tal vez sea posible, tenemos que cometer una brutal agresión a los principios lógicos, a los que aún hoy en día nadie nos atrevemos a derribar de su pedestal: «toda causa precede a su efecto». Diferentes personalidades del mundo de la física han apuntado que ciertos fenómenos naturales tienen el poder de violar esa ley; así encuentran en investigaciones que un positrón (electrón positivo) se comporta tal como si viajara en contra del tiempo. Se trata sólo de consideraciones semánticas para sacar una comprensión a tal efecto.

Así sucede que si alguna persona percibe en sueños la imagen de algún familiar, cercano o no, moribundo, sin lugar a dudas se está provocando sobre su corteza cerebral un efecto cuya génesis ocurrirá después; es como si, dispuesto con un martillo en tu mano derecha y un clavo en tu mano izquierda, sobre la pared, y antes de dar el primer martillazo, ves introducirse el clavo en la pared por sí solo, o percibes el relámpago con antelación a la descarga eléctrica del rayo.

* * *

Otro sueño que presenta una premonición del futuro fue el acaecido en la persona de Ana Baylle; en él podemos decir que, aunque los seres humanos nos encontramos inmersos en un esquema desolador y rígido, éste presenta innumerables fisuras que dan al hombre un cierto grado de libertad.

En 1975, Ana Baylle escribió en su diario:

>«Soñé que me encontraba en el aeropuerto Heathrow subiendo a un avión de la British Caledonian Airways. Era un modelo de avión desconocido para mí, me aposenté junto a una ventanilla, al lado de un caballero que silenciosamente se enfrascó en la lectura de un periódico. Por curiosidad miré los titulares del periódico que hablaban de un conflicto bélico entre Túnez y Marruecos del que no tenía ninguna noticia; también con una fugaz mirada pude ver la fecha del diario: 8 de junio de 1993. Me miré las manos, vi que no eran las mías, eran las de una mujer de más edad que yo. Introduje las manos en el bolso y saqué un espejo para contemplar mi rostro, me quedé estupefacta, aquel rostro no era el mío, era el de una señora mayor que yo, aunque fijándome bien pude reconocer lejanamente mis facciones. ¿Dónde estaba? ¿Estábamos en 1975 o en 1993? Una creciente angustia me embargó totalmente, no sé de dónde pude sacar fuerza para preguntar a mi compañero que en qué año nos encontrábamos. Me miró sorprendido y con una leve sonrisa de comprensión me recalcó que en 1993. El avión hacía ya varios minutos

que surcaba el aire. De pronto se produjo una fuerte vibración. Y un griterío clamoroso se escapó de todas las gargantas. La azafata pedía que conserváramos la calma. Apenas si pude meditar sobre este extraño hecho de que yo tenía 44 años, y no 26 como cuando subí al avión. El avión caía en picado, sólo pude recibir un resplandor y un horrible estampido... Luego desperté con la frente bañada de sudor.»

Ana, aquella mañana, registró en su diario:
«Sé que es un sueño premonitorio: Dos que tuve anteriormente se cumplieron fatalmente. Éste nunca se cumplirá, ya que desde ahora en adelante jamás viajaré en avión.»

Con esta decisión Ana Baylle ha conseguido modificar el rumbo de su vida logrando que un mal presagio no se cumpla jamás, al predecir su futuro; éste es el gran dilema de la precognición; si esto es así, cómo se conseguirá saber si el augurio es el fiel reflejo de lo que tiene que acontecer. También tenemos que pensar que, si podemos modificar las bases del porvenir violando así la predicción revelada en el curso de un sueño o por las cartas del Tarot, sería conveniente determinar que el fatalismo es falaz.

Ana Baylle ha renunciado de por vida a subir a un avión, luego el vaticinio nunca se cumplirá. Es seguro que si alguien la obligara bajo amenaza a subir en él, ella preferiría el suicidio y seguiría violando también el augurio. Ante una situación así, la ciencia y la parapsicología no hayan respuesta.

Durante un largo período de tiempo han existido posturas contradictorias en interpretaciones oníricas por parte de oniromantes, magos y exegetas religiosos; esto ocasiona que en el mundo occidental se cree un escepticismo en torno al significado de los sueños; sobre mediados del siglo XIX, en el campo de la medicina se tenía la creencia convencional de que todas las historias sobre transcripciones esotéricas de sueños, significados simbólicos y profecías de carácter onírico, no eran nada más que simples paparruchas de charlatanes. No fue sino hasta 1861 cuando el biólogo francés Alfred Maury escribe su obra *Le sommeil et les rêves*; en ella se muestra convencido de que la fantasía nocturna se engendra mediante un estímulo externo que tiene su origen en las vivencias del día que le antecede. En un apartado relata cómo él mismo, al ser golpeado en el cuello con un tablero, por la noche sueña que durante una revuelta en la Revolución Francesa es guillotinado. Sacando luego conclusiones tales que la iluminación fugaz en el rostro puede llegar a provocar la imagen en sueño de una tempestad asociándola con el relámpago; la caída de un chorro de agua, la asocia al oleaje marino. En su libro Maury explica una experiencia llevada a cabo de la siguiente manera: tras oler un pomo con perfume de esencia de rosas, e iniciar el sueño, éste era de lo más exótico, se veía protagonista de extrañas y bellas aventuras en El Cairo, donde se sentía perseguido, logrando burlar a sus perseguidores tras esconderse en la trastienda de una perfumería árabe; visto así de esta forma, se pueden hacer pruebas de oído y olfato y comprobar en qué podemos generar el proceso del sueño.

Otra experiencia de sueño es la del sexólogo Havelock Ellis, donde también llega a la conclusión de que los estímulos internos pueden llegar a engendrar otras fantasías. Una pesadilla por él descrita después de haber sufrido un cólico intestinal, se le presentó de la siguiente manera mientras dormía:

> «Sentía que unos ladrones subían con pasos muy inquietos para asesinarle por una escalera sumamente lóbrega; al final de la escalera se encontraba él, pero inmóvil, como si algo muy pesado le impulsara a permanecer tumbado en la cama; la angustia que sentía conforme oía acercarse los taconazos subía, sintiéndolos cada vez más cerca; despertó sudoroso; resultó que las pisadas no eran otra cosa que sus propias palpitaciones...»

Sigmund Freud tiene otro pensamiento al respecto; él, al igual que muchos oniromantes de la antigüedad, piensa que las vivencias soñadas tienen un significado críptico, distinguiéndose en ellas dos aspectos importantes, como se puede apreciar en la lectura siguiente, extraída de su libro la interpretación de los sueños:

Una noche, antes de acostarme, infringí el precepto educativo de no realizar necesidad alguna en la alcoba de mis padres y en su presencia, y en la reprimenda que mi padre me dirigió con este motivo afirmó que nunca llegaría yo a ser nada. Estas palabras debieron herir vivamente mi amor propio, pues en mis sueños aparecen de continuo alusiones a la escena correspondiente, enlazadas casi siempre con una enumeración de mis éxitos y merecimientos, como si quisiera decir: «¿Lo ves cómo he llegado a ser algo?» Este suceso infantil proporciona materiales para el último cuadro de mi sueño, en el que, como venganza, quedan invertidos los papeles. Mi anciano acompañante no es otro que mi padre. La falta de visión de un ojo alude al glaucoma que padeció. En mi sueño orina él ante mí como yo ante él en mi niñez. Con la alusión al glaucoma le recuerdo la cocaína, en cuya aplicación como anestésico —que tanto facilitó la operación a que hubo de someterse— tuve yo alguna parte. De este modo es como si yo hubiera cumplido mi promesa. Además me burlo de él; como está ciego, tengo que alcanzarle las lentes (juego de palabras entre Glass: cristal, lente, y Uringlas: orinal). Por último, aparecen numerosas alusiones a mis conocimientos sobre la teoría de la histeria, de los cuales me enorgullezco.

Las dos escenas infantiles expuestas se hallan, aparte de esto, enlazadas al tema del ansia de grandeza; pero además contribuyó a evocarlas el hecho de verme obligado a viajar en un vagón sin retrete, circunstancia que había de prepararme a sufrir alguna molestia. Así sucedió, en efecto, pues desperté de madrugada con la sensación correspondiente a una necesidad física. El lector se inclinará quizá a atribuir a esta sensación el papel de estímulo del sueño, mas por mi parte he de dar la preferencia a otra explicación diferente: la de que fueron las ideas latentes las que provocaron en mí dicha necesidad. Mi reposo no suele ser interrumpido nunca —y menos en tales horas de la madrugada— por una necesidad física cualquiera, y en mis viajes no he sentido nunca, al despertar antes de la hora acostumbrada, la sensación vesical de que aquí se trata. De todos modos, es ésta una cuestión que no importa dejar indecisa.

Desde que mi experiencia en la interpretación onírica me ha demostrado que también de aquellos sueños cuya total interpretación creemos haber conseguido —por haber descubierto sin dificultad sus fuentes y estímulos— parten importantes cadenas de pensamientos que llegan hasta los primeros años infantiles del sujeto, he tenido que preguntarme si no habremos de ver en este hecho una condición esencial del soñar. Si nos fuese permitido generalizar tal hipótesis, diríamos que todo sueño posee, además de un enlace con lo recientemente vivido, en su contenido manifiesto, una relación, en su contenido latente, con lo vivido en las más lejanas épocas de la existencia del sujeto.

De estos sucesos primitivos puede demostrarse realmente en el análisis de la histeria, que han permanecido recientes hasta la actualidad. Pero la hipótesis apuntada no parece fácilmente comprobable por ahora.

De las tres peculiaridades de la memoria onírica antes apuntadas hemos logrado esclarecer satisfactoriamente la referencia a la preferencia de lo secundario en el contenido del sueño, haciéndola depender de la *deformación onírica*. En cambio, no nos ha sido posible derivar de los motivos del sueño ninguna de las dos restantes —la selección de lo reciente y de lo infantil—, aunque sí hayamos podido comprobar su efectividad. De ambas volveremos a ocuparnos al tratar de la psicología del estado de reposo o con ocasión de aquellas reflexiones que sobre la estructura del aparato anímico habremos de exponer cuando observemos que a través de la interpretación onírica podemos echar una ojeada, como a través de una ventana, sobre el interior de dicho aparato.

En cambio, quiero recoger aquí, sin aplazamiento alguno, otro resultado de los últimos análisis detallados. El sueño posee con frecuencia *varios sentidos*. No sólo pueden yuxtaponerse en él —como hemos visto en algunos ejemplos— varias relaciones de deseos, sino que un sentido, una realización de deseos puede encubrir a otra, hasta que debajo de todas hallamos la de un deseo de nuestra primera infancia. También en este punto surge la interrogación de si no será éste un carácter general de todo sueño.

Las fuentes oníricas somáticas

Cuando intentamos despertar el interés de un hombre culto, pero profano en estas materias, por los problemas del fenómeno onírico, y le preguntamos con tal propósito cuáles son a su juicio las fuentes de los sueños, observamos casi siempre que el interrogado cree poseer un exacto conocimiento de una parte por lo menos de esta cuestión. Pensará, en efecto, inmediatamente en la influencia que las digestiones perturbadas o difíciles, la posición del durmiente y los pequeños estímulos exteriores manifiestan ejercer la formación de los sueños, y no parecerá sospechar que después de tener en cuenta todos estos factores quede algún necesitado de esclarecimiento.

Hemos visto que se distinguían tres clases de fuentes oníricas somáticas:

— Los estímulos sensoriales emanados de objetos exteriores.

- Los estados internos de excitación, de base exclusivamente subjetiva.
- Los estímulos somáticos procedentes del interior del organismo.

Observamos asimismo la predilección de los autores por las fuentes somáticas y su tendencia a situar muy en último término las psíquicas o excluirlas totalmente. Al examinar las pruebas aducidas en favor de las primeras, advertimos:

1. Que la importancia de las excitaciones objetivas de los órganos sensoriales (originadas en parte por estímulos casuales sobrevenidos durante el reposo y en parte por aquellos otros que no pueden ser mantenidos a distancia de la vida anímica durmiente) queda comprobada por numerosas observaciones y confirmada experimentalmente.
2. Que la función de las excitaciones sensoriales aparece demostrada por el retorno de las imágenes hipnagógicas en los sueños.
3. Que la amplia referencia efectuada de nuestras imágenes y representaciones oníricas a un estímulo somático interno no es comprobable en toda su extensión, pero encuentra un punto de apoyo en la influencia, generalmente reconocida, que el estado de excitación de los órganos digestivo, urinario y sexual ejerce sobre el contenido de nuestros sueños.

El *estímulo nervioso* y *el estímulo corporal* serían, pues, las fuentes somáticas de los sueños; esto es, las únicas fuentes oníricas, según algunos autores.

Pero, además de esto, existen toda una serie de dudas referentes no tanto a la exactitud como a la suficiencia de la teoría de los estímulos somáticos.

Por muy seguros que hubieran de sentirse los representantes de esta teoría con respecto a los fundamentos efectivos de la misma —sobre todo en lo relativo a los estímulos nerviosos accidentales y externos, fácilmente comprobables en el sueño—, ninguno de ellos llegó a desconocer por completo la imposibilidad de derivar en su totalidad de estímulos nerviosos exteriores el rico contenido de representaciones del fenómeno onírico. Miss Mary Whiton Calkins ha examinado desde este punto de vista, durante seis semanas, sus propios sueños y los de otra persona. Sólo en un 13,2 por 100 y un 6,7 por 100, respectivamente, pudo descubrirse una percepción sensorial externa, y únicamente dos de los sueños investigados se demostraron derivables de sensaciones orgánicas. De este modo nos confirma aquí la estadística lo que ya una rápida revisión de nuestra propia experiencia nos había hecho sospechar.

Muchos investigadores se conformaron con hacer relatar el *sueño de estímulo nervioso*, entre las demás formas oníricas, como una especie de sueño mejor y más completamente investigado. Spitta dividía los sueños en *sueños de estímulo nervioso* y *sueños de asociaciones*; pero claro está que tal solución no podía considerarse satisfactoriamente mientras no se hubiera conseguido descubrir el lazo de unión entre las fuentes oníricas somáticas y el contenido de representaciones del sueño.

Resulta, pues, que a la objeción antes señalada, relativa a la insuficiente frecuencia con que nos es posible referir los sueños a fuentes de estímulos exteriores, se agrega ahora la de que la admisión de dichas fuentes oníricas no nos proporciona sino un muy incompleto esclarecimiento de cada sueño. Los representantes de esta teoría nos son deudores de dos importantes explicaciones: por qué la verdadera naturaleza del estímulo exterior no es nunca reconocida, sino regularmente equivocada en el sueño, y por qué el resultado de la reacción del alma a la percepción de este estímulo, cuya verdadera naturaleza no reconoce, puede ser tan indeterminablemente variable. En respuesta a esta interrogación, alega Struempell, como ya vimos antes, que a consecuencia de su apartamiento del mundo exterior durante el estado de reposo, no se halla el alma en situación de dar la exacta interpretación del estímulo sensorial objetivo, sino que se ve obligada a construir ilusiones sobre la base de la indeterminada excitación dada. He aquí las propias palabras de Struempell:

> Cuando durante el reposo, y por efecto de un estímulo nervioso, externo o interno, surge en el alma y es percibido por ella un proceso psíquico cualquiera (sensación, complejo de sensaciones, sentimiento, etc.) despierta este proceso, tomándolas del círculo de impresiones de la vigilia que aún perduran en el alma, imágenes sensitivas, o sea percepciones anteriores, que aparecen desnudas o revestidas de sus valores psíquicos correspondientes.
>
> De este modo reúne dicho proceso en derredor suyo un número más o menos considerable de tales imágenes, las cuales dan a la impresión procedente del estímulo nervioso su valor psíquico. Como lo hacemos al referirnos a nuestra actividad anímica en la vida despierta, decimos también aquí que el alma *interpreta,* durante el estado de reposo, las impresiones producidas por el estímulo nervioso. Resultado de esta interpretación es el *sueño de estímulo nervioso:* esto es, un sueño cuyos elementos se hallan condicionados por el hecho de que un estímulo de dicho género desarrolla su efecto psíquico en la vida anímica conforme a las leyes de la reproducción.

Idéntica en todo lo esencial a esta teoría es la afirmación de Wundt, de que las representaciones oníricas emanan, en su mayor parte, de estímulos sensoriales (incluso de aquellos pertenecientes a la sensación vegetativa general), siendo, por tanto, casi siempre, ilusiones fantásticas y, sólo en su más pequeña parte, representaciones mnemónicas puras elevadas a la categoría de alucinaciones. Para la correlación que de esta teoría resulta entre el contenido onírico y los estímulos del sueño, encuentra Struempell el excelente paralelo de «los sonidos que los diez dedos de un individuo profano en música producen al recorrer al azar el teclado de un piano». Conforme a este punto de vista, no aparecería el sueño como un fenómeno anímico originado por motivos psíquicos, sino como el resultado de un estímulo fisiológico que se manifiesta en una sintomatología psíquica por no ser capaz de otra distinta exteriorización el aparato sobre el que el estímulo actúa. En una análoga hipótesis se halla basada, por ejemplo, la explicación que Meynert intentó dar de las representaciones obsesivas por medio de la famosa comparación de la hoja cubierta de números, en la que resaltan algunas cifras impresas en mayor relieve.

Por predilecta que haya llegado a ser esta teoría de los estímulos oníricos somáticos y por atractiva que parezca, es, sin embargo, fácil descubrir su punto débil. Todo estímulo onírico somático que durante el reposo incita al aparato anímico a su interpretación por medio de la formación de ilusiones, puede motivar un sinnúmero de tales tentativas de interpretación y, por tanto, alcanzar su representación en el contenido onírico por infinitos elementos diferentes. Pero la teoría de Struempell y Wundt no nos indica motivo alguno que regule la relación entre el estímulo externo y la representación onírica elegida para su interpretación, dejando así inexplicada la «singular elección» que los estímulos «llevan a cabo, con gran frecuencia, en su actividad reproductiva». Contra la hipótesis fundamental de toda la teoría de la ilusión, o sea la de que durante el reposo no se halla el alma en situación de reconocer la verdadera naturaleza del estímulo sensorial objetivo, se han elevado también diversas objeciones. Así, Burdach, el viejo fisiólogo, sostiene la afirmación contraria de que también durante el estado de reposo es el alma capaz de interpertar acertadamente las impresiones sensoriales que hasta ella llegan y reaccionar conforme a tal interpretación exacta. En demostración de su aserto, aduce que determinadas impresiones sensoriales, importantes para el durmiente, quedan excluidas de la general indiferencia del mismo (la nodriza que despierta al más leve rumor del niño), y que nuestro nombre, pronunciado en voz baja, interrumpe nuestro reposo, mientras que otras impresiones auditivas más intensas, pero indiferentes, no obtienen igual resultado, lo cual supone que el alma dormida sabe también diferenciar las impresiones. De estos hechos deduce Burdach que durante el reposo no existe una incapacidad para interpretar los estímulos sensoriales, sino una *falta de interés* con respecto a ellos. Los mismos argumentos alegados por Burdach en 1830 retornan luego, sin modificación alguna en la impugnación de la teoría de los estímulos somáticos escrita por Lipos en 1833. Según este punto de vista, se nos muestra el alma semejante a aquel durmiente que a la pregunta: «¿Duermes?», contesta: «No»; pero interpelado seguidamente con la petición: «Entonces préstame diez duros», se escuda con la evasiva: «Estoy dormido.»

La insuficiencia de la teoría de los estímulos oníricos somáticos puede todavía demostrarse por otro camino diferente. Puede, en efecto, observarse que los estímulos externos no provocan obligadamente sueños, aunque dado el caso de que soñemos aparezcan representados en el contenido onírico. Ante un estímulo epidérmico o de presión sobrevenido durante el reposo, disponemos de diversas reacciones. En primer lugar, podemos hacer caso omiso de él y ver luego, al despertar, que hemos dormido con una pierna fuera de las sábanas o un brazo en mala postura, sin que nada nos lo haya advertido durante la noche. La patología nos muestra numerosísimos casos en los que diversos estímulos sensoriales y de movimiento, intensamente excitantes, no han tenido efecto alguno durante el reposo. En segundo lugar, podemos advertir la sensación mientras dormimos a través de nuestro reposo, como sucede regularmente con los estímulos dolorosos, pero sin entretejer en un sueño el dolor percibido. Asimismo podemos despertar con objeto de poner fin al estímulo. Por último, el que el estímulo nervioso nos induzca a la formación de un sueño no es sino una cuarta reacción posible de frecuencia igual a las otras tres. Esto último no sucedería si el *motivo de los sueños no residiese fuera de las fuentes oníricas somáticas*.

Dándose cuenta de la laguna que antes señalamos en la explicación de los sueños por la intervención de estímulos somáticos, han intentado otros autores —Scherner y luego Volkelt— determinar más estrictamente aquellas actividades anímicas que, tomando como base los estímulos somáticos, hacen surgir toda la variedad de imágenes oníricas, situando así nuevamente la esencia de los sueños en lo anímico y en una actividad psíquica. Scherner no se limitó a dar una poética descripción, llena de vida, de las peculiaridades psíquicas que se desarrollan en la formación de los sueños, sino que creía firmemente haber descubierto el principio que rige la conducta del alma con respecto a los estímulos que a ella se ofrecen. Desarrollando con plena contingencia su fantasía, libre de sus trabas diurnas, tiende, según Scherner, la elaboración onírica a representar *simbólicamente* la naturaleza del órgano del que se emana el estímulo. Fórmase de este modo una especie de *clave de los sueños* que nos permitiría deducir de las imágenes oníricas las sensaciones somáticas y los estados orgánicos y de excitación que las han provocado. Así, la imagen onírica de un gato es expresión de un malhumorado estado de ánimo, y el pan, con su blanca y lisa superficie, representa, en nuestro sueños, la desnudez. El cuerpo humano, en su totalidad, es representado por la fantasía onírica con la imagen de una casa, y un órgano aislado, por una parte de la misma. En los *sueños de estímulo dental* corresponden a la boca una alta galería abovedada, y al descenso hasta el tubo digestivo, una escalera. En el *sueño de dolor de cabeza* queda precisada la situación dominante de este órgano por la imagen de un techo cubierto de repugnantes arañas semejantes a *sapos*. Para designar un mismo órgano suele emplear el sueño diversos símbolos. El pulmón y su actividad respiratoria quedan simbolizados por una estufa encendida y la corriente de aire que aviva su fuego; el corazón, por cajas y cestos vacíos, y la vejiga, por objetos redondos, en forma de bolsa, o simplemente cóncavos. Muy importante es el hecho de que al final del sueño suele aparecer, sin disfraz alguno y casi siempre adscrito al cuerpo mismo del sujeto, el órgano del que parte el estímulo o la función a él correspondiente. Así, el *sueño de estímulo dental* termina, por lo general, con una escena en la que el sujeto extrae de su boca una larga *muela*. Esta teoría de la interpretación onírica no fue ciertamente muy bien acogida por los demás investigadores, que la tacharon de extravagante e incluso se negaron a reconocer lo que, a mi juicio, hay en ella de verdad. Como puede verse, conduce a la habitación de la interpretación de los sueños por medio de símbolos, empleada por los antiguos, con la única diferencia de que el sector del que ha de extraerse la interpretación queda limitado al perímetro de la personalidad física humana. La carencia de una técnica científica de interpretación tiene que disminuir necesariamente la capacidad de aplicación de la teoría de Scherner. La interpretación onírica en ella basada no excluye tampoco la arbitrariedad, tanto menos cuanto que se admite la posibilidad de que un estímulo halle, en el contenido onírico, diversas representaciones. Así le fue ya imposible a Volkelt, continuador de las hipótesis de Scherner, comprobar la simbolización del cuerpo humano en los sueños por medio de la imagen de la casa. También tenía que contribuir a la no aceptación de esta teoría el hecho de considerar la elaboración onírica como una actividad inútil y desprovista de todo fin, asignada al alma, la cual se limitaría a fantasear sobre el estímulo dado, sin tender, ni lejanamente siquiera, a algo semejante a una derivación o supresión del mismo.

Existe, por último, otra objeción que conmueve gravemente la construcción teórica de Scherner de la simbolización de estímulos somáticos por los sueños. No faltando nunca estímulos de este género, y siendo el alma, según opinión general, más accesible a ellos durante el reposo que en la vida despierta, no se comprende cómo no sueña de continuo, a través de toda la noche y cada noche, con todos los órganos. Si queremos eludir esta objeción, alegando que para despertar la actividad onírica es necesario que de los distintos órganos, ojos, oídos, boca, intestinos, etc., emanen estímulos especiales, tropezaremos con la dificultad de demostrar que tales incrementos de excitación son de carácter objetivo, cosa que sólo en un limitado número de sueños nos resulta posible. Si el sueño de volar constituye una simbolización del movimiento de ascenso y descenso de los lóbulos del pulmón al respirar, debería ser soñado con mucha mayor frecuencia, según observa Struempell, o habría de advertirse durante él una intensificación de la actividad respiratoria. Una tercera responsabilidad —quizá la más verosímil— es la de que, periódicamente, surjan motivos especiales para consagrar atención a las sensaciones viscerales regularmente existentes. Pero este caso nos lleva más allá de los límites de la teoría de Scherner.

El valor de las especulaciones de Scherner y Vokelt reside en precisar una serie de caracteres del sueño necesitados de explicación y cuyo examen promete conducirnos a nuevos conocimientos. Es perfectamente cierto que los sueños contienen simbolizaciones de órganos y funciones somáticas, y también que el agua inicia en ellos, con frecuencia, un estímulo de origen vesical, y que los genitales masculinos pueden ser representados por una columna, una vara enhiesta, etc. Aquellos sueños que, en oposición a la pálida policromía de otros, muestran un extenso campo visual y vivos colores, deberán interpretarse, con seguridad casi completa, como sueños de estímulo visual. Asimismo tampoco puede negarse la colaboración de la formación de ilusiones en aquellos otros que contienen ruidos y murmullos de voces. Sueños como el de Scherner, en el que dos filas de bellos adolescentes rubios, situados frente a frente sobre un puente, se atacan, luchan y vuelven a sus posiciones primitivas repetidamente, hasta que el sujeto se sienta sobre el puente y se extrae de la mandíbula una larguísima muela, o como el análogo de Vokelt que muestra al durmiente dos filas de cajones y termina también con la extracción de una muela, y, en general, todas las formaciones oníricas de esta clase, de las cuales comunican ambos autores numerosos ejemplos, no permiten condenar como ociosa invención la teoría de Scherner sin antes investigar el nódulo de verdad que indudablemente contiene. En caso contrario, habríamos de consagrarnos a procurar un distinto esclarecimiento para la supuesta simbolización del presunto estímulo dental.

Nuestros análisis de sueños nos han proporcionado un importante argumento del que aún no hemos hecho uso en la discusión de las fuentes oníricas. Si por medio de un procedimiento que los demás investigadores no han aplicado a los sueños por ellos examinados, conseguimos demostrar que el sueño posee un valor propio, a título de acto psíquico, que el motivo de su formación se halla constituido por un deseo y que el material inmediato para la constitución de su contenido es proporcionado por los sucesos del día anterior, quedará juzgada, sin necesidad de más amplio proceso, toda otra teoría onírica que no utilice tan importante instrumento de investigación y considere en consecuencia al sueño como una reacción psíquica, inútil y enigmática a estímulos somáticos. Para no hacer objeto a estas teorías de tal juicio adverso, habríamos de suponer que existían —cosa harto inverosímil— dos clases de sueños, perteneciendo exclusivamente a una de ellas todos los examinados por los investigadores que nos precedieron y a la otra todos los analizados por nosotros. Descartada esta hipótesis no nos quedará ya más que incorporar a nuestra teoría de los sueños los hechos en que se basa la de los estímulos oníricos somáticos.

Esta labor quedó ya iniciada cuando sentamos el principio de que la elaboración de los sueños se halla bajo el imperio de una fuerza que la obliga a constituir una unidad con todos los estímulos oníricos, simultáneamente existentes. Vimos entonces que cuando, como resto del día anterior, perduran dos o más sucesos que trajeron consigo una impresión, quedan reunidos en un sueño los deseos de ellos emanados, y también que para constituir el material del sueño se reúnen la impresión psíquicamente valiosa y los sucesos indiferentes del día anterior, siempre que puedan establecerse entre ambos elementos representaciones comunicantes. El sueño se nos muestra así como una reacción a todo lo actual simultáneamente dado en la psiquis durmiente, y la labor analítica, a que hasta ahora hemos sometido el material onírico, nos lo presenta como una colección de restos psíquicos —huellas mnemónicas— a los que (por la predilección del material reciente e infantil) hemos tenido que atribuir un carácter psicológicamente indeterminable por el momento. No nos es nada difícil predecir lo que sucederá cuando a estas actualidades mnemónicas se agregue durante el estado de reposo nuevo material de sensaciones. Tales estímulos resultan asimismo importantes para el sueño por el hecho de ser actuales, y son unidos a las demás actualidades psíquicas, proporcionando con ellas el material para la formación del sueño. O, dicho de otro modo: los estímulos sobrevenidos durante el reposo son objeto de una elaboración que los convierte en una realización de deseos, cuyos restantes elementos se hallan constituidos por los restos diurnos psíquicos que ya conocemos. Esta unión no es, desde luego, *obligada*, pues ya hemos visto que podemos reaccionar de varios modos a los estímulos sobrevenidos durante el reposo; pero en aquellos casos en que se lleva a efecto conseguimos hallar un material que constituye en el contenido del sueño una representación de las dos clases de fuentes oníricas, las somáticas y las psíquicas.

La acumulación de material somático a las fuentes oníricas psíquicas no modifica en nada la esencia del sueño, el cual permanece siendo una realización de deseos, cualquiera que sea la forma en que la expresión de la misma quede determinada por el material actual.

La importancia y significación de los estímulos exteriores para el sueño varían conforme a una serie de circunstancias especiales. Imagino que una acción conjunta de los factores individuales fisiológicos y accidentales dados es lo que decide, en cada caso, la conducta que hemos de seguir con respecto a un intenso estímulo objetivo sobrevenido durante el reposo. Según la profundidad habitual y accidental del reposo y la intensidad del estímulo, quedará éste reprimido de manera que no interrumpa nuestro descanso; nos veremos obligados a despertar o intentaremos dominar el estímulo entretejiéndolo en un sueño. Correlativamente a la variedad de estas constelaciones se manifestarán los estímulos con mayor o menor frecuencia en los sueños de un individuo que en los de otro. Así, por lo que a mí respecta, gozo de tan profundo reposo y me defiendo con tal tenacidad contra todo lo que pudiera perturbarlo, que sólo muy raras veces se mezclan en mis sueños causas externas de excitación, al paso que los motivos de orden psíquico me incitan fácilmente a soñar.

De todos los sueños propios por mí anotados, sólo hay realmente uno que pueda ser referido a una fuente de estímulos objetivos (una sensación dolorosa), pero precisamente en él creemos muy instructivo comprobar el resultado onírico del estímulo exterior.

«Voy montado en un caballo gris. Al principio monto con inseguridad y torpeza o como si fuese en una difícil postura, distinta de la corriente. Encuentro a mi colega el doctor P., que viene también a caballo, pero con gran arrogancia, y viste un traje de grueso paño. Al llegar junto a mí, me hace no sé qué advertencia (probablemente la de que voy mal montado). Pero ya voy encontrándome cada vez mejor sobre el inteligentísimo corcel, descanso cómodamente sobre la silla y me siento tranquilo y confiado como si estuviera en mi casa. En lugar de silla lleva el caballo un largo almohadón que cubre por completo su lomo, desde el cuello hasta la grupa. Con gran serenidad paso por el estrecho espacio que dejan entre sí dos carros. Después de avanzar un largo trecho por una calle, doy media vuelta y quiero desmontar ante una pequeña capilla abierta, pero luego desmonto realmente junto a otra que se alza poco más allá. El hotel está en la misma calle. podría dejar que el caballo fuera solo hasta él, pero prefiero llevarlo de la brida. Es como si me avergonzase de llegar allí montado. A la puerta del hotel hay un "botones" que me enseña una tarjeta que yo mismo he encontrado y se burla de mí. En la tarjeta hay escrito y doblemente subrayado: «No comer», y después un segundo propósito (impreciso): algo como «No trabajar». A ello se añade la vaga idea de que me hallo en una ciudad extranjera en la que no trabajo.»

Nada indica, a primera vista, que este sueño haya surgido bajo la influencia o, mejor dicho, bajo la coerción de un estímulo doloroso. Durante el día anterior me habían hecho sufrir extraordinariamente, convirtiendo en tortura cada uno de mis movimientos, varios furúnculos que venía padeciendo. Uno de ellos, situado en la raíz del escroto, había llegado a alcanzar el volumen de una manzana y me causaba, al andar, insoportables dolores. La fatiga, la alteración febril y la desgana consiguientes, unidas a la intensa labor que, a pesar de todo, hube de realizar durante el día, acabaron de ensombrecer mi ánimo. En esta situación no me hallaba ciertamente muy facultado para consagrarme a mis ocupaciones profesionales, pero, teniendo en cuenta el carácter de mi padecimiento y la región de mi cuerpo en la que se manifestaba, existía otra actividad para la que, sin duda alguna, me encontraba aún menos capacitado. Tal actividad es la de *montar a caballo*, y precisamente es la que el sueño me atribuye como la más enérgica negación imaginable de mi padecimiento. Ignoro en absoluto el arte de la equitación, no sueño nunca nada que con ella se relacione, y sólo una vez he montado en un caballo, por cierto a pelo y sin que ello me produjera placer alguno. Pero en mi sueño monto como si no tuviera furúnculo ninguno en el periné, o, mejor dicho, *precisamente porque no quiero tenerlo*. La silla, tal como el sueño la describe, es la cataplasma que me apliqué al acostarme, y cuyo efecto calmante me ha permitido conciliar el reposo. Así protegido, no he advertido, durante algunas horas, indicio ninguno de mi padecimiento. Luego, cuando las sensaciones dolorosas comenzaron a hacerse más vivas y amenazaron con despertarme, vino el sueño a tranquilizarme, diciéndome: «Puedes seguir durmiendo. No tienes furúnculo ninguno, pues montas a caballo, cosa que no es posible con un divieso en el periné.» El dolor quedó de este modo ensordecido y pude, en efecto, seguir durmiendo.

Pero aún hay más. El sueño no se ha limitado a sugerirme la inexistencia del furúnculo, sosteniendo tenazmente una representación incompatible con el mismo —conducta semejante a la que observamos en la demencia alucinatoria de la madre que ha perdido un hijo, o en la del comerciante arruinado—, sino que ha utilizado los caracteres de la misma sensación que niega y los de la representación empleada con objeto de reprimirla, para enlazar a la situación onírica los elementos actuales dados en el alma y proporcionarles un medio de expresión. El color *gris* del caballo en que monto corresponde al del traje que mi colega el doctor P. llevaba la última vez que le vi (un traje de color *sal y pimienta*). Los alimentos *fuertemente especiados* me han sido indicados como causa de mi furunculosis más probablemente que el *azúcar*, en la que se piensa también al investigar la etiología de tal enfermedad. Mi amigo P. acostumbra mirarme con cierta *arrogancia* desde que me sustituyó en la confianza de una paciente en cuyo tratamiento creía yo haber realizado grandes *habilidades* (*Kunststuecke*, al principio de mi sueño voy montado en una difícil postura, como un jinete que realizase *habilidades* ecuestres en un circo), pero que, en realidad, me llevó a donde quiso, como el caballo al inexperto jinete de la conocida anécdota. De este modo llega el caballo a la categoría de símbolo de dicha paciente (en mi sueño lo encuentro *muy inteligente*). El encontrarme luego a caballo «tan seguro y confiado *como si estuviera en mi casa*» se refiere a la situación que yo ocupaba en casa de dicha enferma hasta que fui sustituido por P.

«Yo creí que se mantenía usted más firmemente sobre la silla», me había dicho días antes, aludiendo a este suceso, uno de los pocos grandes médicos de Viena que me son favorables. Por otro lado, ha sido también una difícil habilidad continuar atendiendo a mi labor psicoterapéutica durante ocho o diez horas diarias, no obstante mis dolores. Sé, sin embargo, que en tal estado no me será posible seguir ejerciendo mi difícil actividad profesional, y el sueño aparece colmado de lúgubres alusiones a las consecuencias de tal interrupción de mi trabajo: *No trabajar y no comer*. Prosiguiendo la interpretación, veo que la elaboración onírica ha conseguido hallar el camino que va desde la situación optativa de montar a caballo hasta muy tempranas escenas de mi infancia (peleas con un sobrino mío, un año mayor que yo, residente hoy en Inglaterra). Mi sueño ha tomado, además, elementos de mis viajes a Italia, pues la calle que en él recorro responde a impresiones visuales recibidas en Verona y en Siena.

Una interpretación más profunda me lleva a ideas latentes de carácter sexual y me hace recordar lo que en una paciente mía, que jamás había estado en Italia, significaban las alusiones oníricas a este bello país (*gen-Italien —genitalien: ve a Italia—, genitales*); recuerdo que no carece de relación con la casa en la que presté mi asistencia facultativa antes de ser sustituido por el doctor P., y con la región de mi cuerpo elegida por el furúnculo.

En otra ocasión me fue también posible defenderme análogamente de un estímulo sensorial que amenazaba interrumpir mi reposo, pero esta vez fue pura casualidad lo que me permitió descubrir la conexión del sueño con el estímulo onírico accidental y llegar así a su comprensión. Hallándome durante el verano en un balneario del Tirol, desperté una mañana con la convicción de haber soñado que el *Papa había muerto*. Todos mis esfuerzos para interpretar este sueño, no visual, resultaron estériles. Como posible antecedente, no recordaba sino el de haber leído días antes la noticia de que el Pontífice padecía ligera indisposición. Pero en el transcurso de la mañana me preguntó mi mujer: «¿No has oído de madrugada el formidable repique con que nos han obsequiado todas las iglesias y capillas de los alrededores?» No recordaba haber oído nada semejante, pero mi sueño quedaba ya explicado como reacción de mi necesidad de dormir ante el ruido con que los piadosos tiroleses querían despertarme. Después de vengarme de ellos con la deducción que constituye el contenido de mi sueño, proseguí durmiendo sin interesarme en absoluto por el campaneo.

Entre los sueños hasta aquí expuestos hay algunos que podemos citar como ejemplos de elaboración de estímulos nerviosos. Uno de ellos es aquel en que bebo agua a grandes sorbos. En él es, aparentemente, el estímulo somático la única fuente onírica y el deseo emanado de la sensación —la sed— el único motivo onírico. Análogamente sucede en otros sueños sencillos, cuando el estímulo somático basta por sí solo para formar un deseo. El sueño de la enferma que arroja lejos de sí, en el transcurso de la noche, el aparato refrigerante que le han mandado conservar aplicando la mejilla, nos muestra una desacostumbrada forma de reaccionar a estímulos dolorosos con una realización de deseos. Parece, en efecto, como si la paciente hubiera conseguido hacerse insensible, pasajeramente, al dolor, el cual queda transferido en su sueño a una tercera persona.

Mi sueño de las tres Parcas es, evidentemente, un sueño de hambre, pero sabe retrotraer la necesidad de alimento hasta el ansia del niño por el pecho materno y utilizar esta ansia para encubrir otra de muy distinto género, a la que no es lícito manifestarse con tanta franqueza. El sueño del conde de Thun nos ha hecho ver por qué caminos queda enlazada una necesidad física accidentalmente dada con los sentimientos más enérgicos, pero también más enérgicamente reprimidos, de la vida anímica. En el caso comunicado por Garnier, cuando el primer cónsul entreteje en un sueño bélico el ruido producido por la máquina infernal al estallar, antes de despertar a consecuencias del mismo, se nos muestra abiertamente la tendencia en favor de la cual se ocupa la actividad anímica de las sensaciones surgidas durante el reposo. Un joven abogado que se acostó pensando en un asunto importante al que se había consagrado durante el día se condujo, oníricamente, de modo análogo al del gran Napoleón. En su sueño ve primero a cierto señor G. Reich de Hussiatyn, que le es conocido por intervenir en el pleito que le preocupa. Pero el elemento *Hussiatyn* va adquiriendo cada vez mayor importancia hasta que el sujeto despierta y oye toser fuertemente a una mujer, enferma de un catarro bronquial (*Hussiatyn = husten = toser*).

Comparamos ahora el citado sueño de Napoleón I, cuyo reposo solía ser muy profundo, con el del estudiante dormilón que ante la advertencia de que ha llegado la hora de ir al hospital sueña que ocupa una cama en una sala del mismo y sigue durmiendo a pierna suelta, tranquilizado por el razonamiento de que si está ya en el hospital no tiene por qué levantarse para acudir a él. Este último ejemplo es un franco sueño de comodidad. El durmiente se confiesa sin rebozo alguno el motivo del mismo y resuelve con ello uno de los enigmas del fenómeno onírico. Todos los sueños son, en cierto sentido, *sueños de comodidad*, pues tienden a facilitar la continuación del reposo, evitando que el durmiente despierte. *El sueño es el guardián del reposo, no su perturbador*. El alma puede no ocuparse en absoluto de los estímulos sobrevenidos durante el reposo cuando la intensidad y la significación de los mismos le permiten observar esta conducta; puede utilizar el sueño para negar dichos estímulos o disminuir su importancia, y, por último, cuando no tiene más remedio que reconocerlos, puede buscar aquella su interpretación que presente la sensación actual como parte de una situación deseada y compatible con el reposo. La sensación actual es entretejida en un sueño, con el fin de *despojarla de su realidad*. Napoleón puede seguir durmiendo. Lo que intenta perturbar su reposo no es más que un recuerdo onírico del cañoneo de la batalla de Arcole.

El deseo de dormir mantenido por el yo consciente y que, con la censura onírica, constituye la colaboración de dicho yo en el soñar, debe, por tanto, ser considerado en todo caso como motivo de la formación de sueños, y todos y cada uno de éstos son realización del mismo.

En el deseo de dormir hemos descubierto, además, el factor susceptible de llenar la laguna de que adolece la teoría de Struempell-Wundt y explicar la insuficiencia y arbitrariedad que hallamos en la interpretación del estímulo exterior. La interpretación exacta de la que el alma dormida es perfectamente capaz, exigiría un interés activo y con él interrupción del reposo. De todas las interpretaciones posibles no serán, pues, admitidas sino aquellas que resulten compatibles con la censura que el deseo de dormir ejerce en forma tiránica, y entre las admitidas será escogida aquella que mejor pueda ser enlazada con los deseos que espían, en el alma, la ocasión de realizarse. De este modo es determinado todo inequívocamente y nada queda abandonado a la arbitrariedad. La falsa interpretación no constituye una alusión, sino algo semejante a una evasiva. Habremos, pues, de ver en este proceso, como antes en la sustitución por desplazamiento efectuada a los fines de la censura onírica, una variante del proceso psíquico normal.

Cuando los estímulos nerviosos externos y los somáticos internos son lo bastante intensos para conquistar la consideración psíquica, proporcionan —siempre que su resultado sea un sueño y no la interrupción del reposo— una firme base de sustentación para la formación de sueños, pues pasan a constituir, en el contenido onírico, un nódulo para el que es buscada luego una realización de deseos correspondiente, en forma análoga a como lo son, según vimos antes, las representaciones intermedias entre dos estímulos oníricos psíquicos. Hasta este punto puede, pues, afirmarse que en cierto número de sueños depende el contenido onírico del elemento somático, e incluso resulta que en este caso extremo es despertado, a los fines de la formación del sueño, un deseo no actual. Pero el sueño no puede hacer otra cosa que representar un deseo como realizado en una situación y, por tanto, se halla en cada caso ante la labor de buscar qué deseo puede ser representado como realizado por la sensación del momento actual. Aunque el material actual dado sea de carácter penoso o doloroso, no por ello deja de ser aprovechable para la formación de un sueño. La vida anímica dispone también de deseos cuya realización produce displacer, cosa que a primera vista parece contradicción, pero que se explica por la existencia de dos instancias psíquicas y de una censura situada entre ambas.

Como ya hemos visto, existen en la vida anímica deseos *reprimidos* que pertenecen al primer sistema y a cuya realización se resiste el segundo. No quiere esto decir que tales deseos existieran antes del proceso represivo y quedaran luego destruidos por el mismo, nada de eso; la teoría de la represión afirma que tales deseos reprimidos existen todavía, aunque al mismo tiempo exista también una coerción que pesa sobre ellos. La disposición psíquica para que tales deseos reprimidos lleguen a una realización permanece conservada e intacta. Mas cuando tal realización llega a cumplirse, el vencimiento de la resistencia que a ello oponía el segundo sistema (capaz de conciencia) se exterioriza como displacer. Para terminar estas consideraciones añadiremos que cuando durante el reposo surgen sensaciones de carácter displaciente, emanadas de fuentes somáticas, es utilizada esta constelación por la elaboración onírica para representar —con mayor o menor severidad de la censura— un deseo hasta entonces reprimido.

Esta circunstancia nos permite incluir en la teoría de la realización de deseos toda una serie de sueños de angustia. Con respecto a otra variedad de estas formaciones oníricas displicentes, aparentemente contrarias a dicha teoría, habremos de atenernos a una explicación distinta. La angustia que en sueños experimentamos puede ser, en efecto, de carácter psiconeurótico y proceder de excitaciones psicosexuales, correspondiendo entonces a una libido reprimida. En este caso, tanto la angustia como el sueño en que se manifiesta, constituyen un síntoma neurótico y habremos llegado al límite ante el que la tendencia realizadora de deseos, del sueño, se ve obligada a detenerse. Existen también sueños en los que la sensación de angustia posee un origen somático (por ejemplo, la opresión respiratoria de los enfermos cardiacos o del pulmón), y en esta circunstancia es utilizada dicha sensación para proporcionar una realización onírica a aquellos deseos enérgicamente reprimidos que, realizados en un sueño obediente a motivos psíquicos, hubieran traído consigo igual desarrollo de angustia. No es difícil fundir en una unidad estos dos casos aparentemente distintos. Dados dos productos psíquicos —una inclinación efectiva y un contenido de representaciones— íntimamente ligados entre sí, puede uno de ellos, el actual, sustituir al otro en el sueño, y de este modo tan pronto es sustituido el contenido de representaciones reprimido por la angustia somáticamente dada como el desarrollo de angustia por el contenido de representaciones libertado de la represión y saturado de excitación sexual. En el primer caso puede decirse que un afecto somáticamente dado es interpretado psíquicamente. En el segundo, aparece dado todo psíquicamente, pero el contenido que se hallaba reprimido es sustituido fácilmente por una interpretación somática adaptada a la angustia. Las dificultades con que tropezamos para la inteligencia de esta cuestión tienen muy escasa relación con el sueño, pues proceden de que con estas especulaciones rozamos los problemas del desarrollo de angustia y de la represión.

Entre los estímulos oníricos procedentes del interior del soma que imponen su ley a la formación de los sueños debemos contar, desde luego, el estado físico general del sujeto. No quiere esto decir que pueda proporcionar por sí solo el contenido onírico, pero sí que impone a las ideas latentes una selección entre el material que ha de servir a la representación en dicho contenido, aproximando, como adaptación a su esencia, una parte de dicho material y manteniendo a distancia la parte restante. Además este estado general se halla enlazado desde el día con los restos psíquicos importantes para el sueño. Este estado puede conservarse en el sueño o ser dominado y transformado en su contrario cuando es de carácter displicente.

Cuando las fuentes oníricas somáticas que actúan durante el reposo (o sea, las sensaciones de dicho estado) no poseen desacostumbrada intensidad, desempeñan, a mi juicio, en la formación de los sueños, un papel análogo al de las impresiones diurnas que han permanecido recientes, pero que son diferentes. Quiero decir que son utilizadas en la formación del sueño cuando resultan apropiadas para ser unidas al contenido de representaciones de la fuente onírica psíquica, pero únicamente en este caso. Vemos, pues, que son consideradas como material de escaso valor, del que podemos disponer en todo momento y que utilizamos cuando nos es necesario, mientras que un material precioso prescribe ya por sí mismo las normas de su empleo. Sucede en esto como cuando una persona aficionada a las joyas artísticas lleva al lapidario una piedra rara (un ónice, por ejemplo) para que talle en él un camafeo. El tamaño de la piedra, su color y sus aguas coadyuvarán a determinar la figura o escena que en ella ha de ser tallada, mientras que, dado un material más amplio y uniforme (mármol o granito), no tiene el artista que ajustarse a normas distintas de su espontánea inspiración. Pensando así es como únicamente resulta comprensible que aquel contenido onírico que proporciona los estímulos orgánicos de intensidad no superior a la ordinaria no aparezca en todo sueño y en sueños todas las noches.

Para la mejor inteligencia de mi opinión sobre este punto concreto expondré un nuevo ejemplo de sueño, retornando así, además, al tema de la interpretación onírica. Durante todo un día me esforzé en investigar cuál podía ser el significado de la sensación de hallarnos paralizados, no poder movernos o terminar un acto que hemos comenzado, sensación muy próxima a la angustia y frecuentísima en la vida onírica. En la noche siguiente tuve el siguiente sueño: «Subo, a medio vestir, por la escalera de una casa, desde el piso bajo al principal. Voy saltando los escalones de tres en tres y me felicito de poder subir una escalera con tanta agilidad. De repente veo que baja a mi encuentro una criada. Avergonzado, quiero apresurarme, pero en este momento se apodera de mí la parálisis indicada y me resulta imposible avanzar un solo paso.»

Análisis. La situación de este año está tomada de la realidad cotidiana. En mi casa de Viena ocupo dos pisos enlazados por un cuerpo de escalera. En el interior tengo mi consulta y mi despacho, y en el superior mis habitaciones particulares. Cuando termino de trabajar por las noches en el despacho tengo que subir la escalera para llegar a mi alcoba. La misma noche de mi sueño había realizado este trayecto en una *toilette* realmente algo desordenada, pues me había quitado la corbata, el cuello y los puños. Mi sueño exagera este desorden de mis vestidos; pero, como acostumbra hacerlo en estos casos, no determina con precisión el grado a que el mismo se eleva. El saltar los escalones de tres en tres es, en realidad, la forma en que suelo subir las escaleras y constituye, por otra parte, una realización de deseos reconocida, además, como tal en el sueño, pues la facilidad con que llevo a cabo tal ejercicio me ha tranquilizado muchas veces sobre la marcha de mi corazón. Por último, es esta forma de subir escaleras flagrante contradicción de la parálisis que en la segunda mitad del sueño me acomete y me muestra (cosa que no precisaba de prueba alguna) que el fenómeno onírico no encuentra la menor dificultad para representar, perfecta y totalmente realizados, actos motores. Recuérdense los sueños en que volamos.

La escalera de mi sueño no es, sin embargo, la de mi casa. Al principio no caigo en cuál puede ser, y sólo al reconocer en la persona que baja a mi encuentro a la criada de una anciana señora a la que visito dos veces al día para ponerle inyecciones, me doy cuenta de que la escalera de mi sueño corresponde a la del domicilio de dicha señora.

Mas ¿por qué razón sueño con la escalera del domicilio de mi paciente y con la criada que ésta tiene a su servicio? El avergonzarse de ir insuficientemente vestido es, indudablemente, un sentimiento de carácter sexual. Pero la criada con la que sueño es más vieja que yo, regañona y nada atractiva. Recuerdo ahora que al subir por las mañanas la escalera de su casa suele darme tos, y como no hay en ella escupidera ninguna, me veo obligado a escupir sobre el suelo, pues opino que la limpieza no es cuenta mía, sino de la dueña de la casa, que debe ordenar la colocación de una escupidera. El ama de llaves de mi paciente, persona también entrada en años y de áspero carácter, a la que no tengo por qué negar gran amor a la limpieza, sostiene, sin embargo, sobre este punto concreto la opinión contraria, pues espía mis actos siempre que subo la escalera y, cuando me permito la libertad antes indicada, gruñe y protesta en voz alta y me rehúsa luego, al encontrarse conmigo, toda muestra de cortesía y respeto. Esta actitud fue compartida, el mismo día del sueño, por la otra criada, la cual, al salir a abrirme la puerta, me interpeló ásperamente con la siguiente reprimenda: «El señor doctor podía limpiarse los pies antes de entrar. Hoy ha vuelto a poner perdida la alfombra.» Es esto todo lo que puede haber motivado la inclusión de la escalera y de la criada en mi sueño.

Entre los hechos de subir saltando la escalera y escupir en el suelo existe una íntima relación, pues la faringitis y las perturbaciones cardíacas son el castigo del vicio de fumar. Este vicio motiva, asimismo, que tampoco en mi casa (que mi sueño funde en una unidad con la de mi paciente) goce yo de un renombre de exagerada limpieza.

Sueños típicos

Para interpretar un sueño ajeno es condición indispensable —y ello limita considerablemente la aplicación práctica de nuestro método— que el sujeto acceda a comunicarnos las ideas inconscientes que se esconden detrás del contenido manifiesto del mismo. Sin embargo, y en contraposición con la general liberad de que todos gozamos para conformar nuestra vida onírica según nuestras personalísimas peculiaridades, haciéndola así incomprensible a las demás, existe cierto número de sueños que casi todos soñamos en idéntica forma y de los que suponemos poseen en todo individuo igual significación. Estos sueños son, además, merecedores de un especial interés por el hecho de proceder probablemente en todos los hombres de fuentes idénticas, circunstancia que los hace muy adecuados para proporcionarnos un amplio esclarecimiento sobre las fuentes oníricas.

Dados estos interesantes caracteres de los sueños típicos, fundábamos grandes esperanzas en los resultados de su interpretación por medio de nuestra técnica analítica; pero, desgraciadamente, hemos comprobado que la labor interpretadora tropieza en ellos con particulares dificultades. Así, aquellas asociaciones del sujeto, que en otro caso nos llevan a la comprensión de su sueño, faltan aquí en absoluto o son tan oscuras e insuficientes, que no nos prestan ayuda ninguna.

El sueño de avergonzarse ante la propia desnudez

El sueño de hallarnos desnudos o mal vestidos ante personas extrañas suele surgir también sin que durante él experimentemos sentimiento alguno de vergüenza o embarazo. Pero cuando nos interesa es cuando trae consigo tales sentimientos y queremos huir o escondernos, siendo entonces atacados por aquella singular parálisis que nos impide realizar movimiento alguno dejándonos impotentes para poner término a la penosa situación en que nos hallamos. Sólo en esta forma constituye este sueño un sueño típico, aunque dentro de ella puede el nódulo de su contenido quedar incluido en los más diversos contextos y adornado con toda clase de agregados individuales. Lo esencial en él es la personal sensación (del carácter de la vergüenza) de que nos es imposible ocultar nuestra desnudez, o, como generalmente deseamos, emprender una precipitada fuga.

En casi todos los sueños de este género queda impreciso el grado de nuestra desnudez. Alguna vez oiremos decir al sujeto que soñó hallarse en camisa, pero sólo en muy raros casos presenta la imagen onírica tal precisión. Por el contrario, suele ser tan indeterminada, que para describirla es necesario emplear una alternativa: «Soñé que estaba en camisa o en enaguas.» Asimismo, lo más frecuente es que la intensidad de la vergüenza experimentada sea muy superior a la que el grado de desnudez podría justificar. En los sueños de los militares queda muchas veces sustituida la desnudez por un traje antirreglamentario. Así, sueñan haber salido sin sable, o sin gorra, hallándose de servicio, o llevar con la guerrera unos pantalones de paisano y encontrar en la calle a otros oficiales, etc.

Las personas ante las que nos avergonzamos suelen ser desconocidas, cuya fisonomía permanece indeterminada. Otro carácter del sueño típico de este género es que jamás nos hace nadie reproche alguno, ni siquiera repara en nosotros, con motivo de aquello que tanto nos avergüenza. Por el contrario, la expresión de las personas que en nuestro sueño encontramos es de una absoluta indiferencia, o, como me fue dado comprobar en un caso especialmente claro, estirado y solemne. Todo esto da que pensar.

El avergonzado embarazo del sujeto y la indiferencia de los demás constituyen una de aquellas contradicciones tan frecuentes en el fenómeno onírico. A la sensación del sujeto correspondería, lógicamente, que los demás personajes le contemplasen con asombro, se burlaran de él o se indignasen a su vista. Esta desagradable actitud de los espectadores ha quedado, a mi juicio, suprimida por la realización de deseos, mientras que la no menos desagradable sensación de vergüenza ha logrado perdurar, mantenida por un poder cualquiera, resultando así la falta de armonía que observamos entre las dos partes de este sueño. La forma en que el mismo ha sido utilizado como base de una fábula, nos proporciona un interesante testimonio de que no se ha llegado a interpretar acertadamente su significado, a través de su expresión deformada en parte por la censura. La fábula a que me refiero nos es de todos conocida por la versión de Andersen y más recientemente ha sido poetizada por L. Fulda en su *Talismán*. En el cuento de Andersen se nos refiere que dos falsarios ofrecen al rey un traje cuya singularísima condición es la de ser visible únicamente para los hombres buenos y honrados. El rey sale a la calle vestido con este invisible traje (o sea, desnudo); pero no queriendo pasar nadie por hombre perverso y ruin, fingen todos no advertir su desnudez.

Esta última es, punto por punto, la situación de nuestro sueño. No hace falta aventurarse mucho para suponer que del incomprensible contenido del sueño ha partido un impulso a inventar un disfraz mediante el cual adquiera un sentido la situación expuesta ante la memoria, quedando entonces despojada esta situación de su significación primitiva y haciéndose susceptible de ser utilizada para fines distintos. Ya veremos más adelante que esta equivocada interpretación del contenido onírico por la actividad intelectual consciente de un segundo sistema, es algo muy frecuente y debe ser considerado como un factor de la conformación definitiva de los sueños. Asimismo, habremos de ver que en la formación de representaciones obsesivas y de fobias desempeñan principal papel análogas interpretaciones erróneas, dentro siempre de la misma personalidad psíquica. Con respecto a estos sueños de desnudez, podemos indicar también de dónde es tomado el material necesario para dicha transformación de su significado. El falsario es el sueño; el rey, el sujeto mismo, y la tendencia moralizadora revela un oscuro conocimiento de que en el contenido latente se trata de deseos ilícitos sacrificados a la represión. Los contextos en que tales sueños aparecen incluidos en mis análisis de sujetos neuróticos demuestran, sin lugar a dudas, que se hallan basados en un recuerdo de nuestra más temprana infancia. Sólo en esta edad hubo una época en la que fuimos vistos desnudos, tanto por nuestros familiares como por personas extrañas visitantes, criadas, etc., sin que ello nos causara vergüenza ninguna. Asimismo, puede observarse que la propia desnudez actúa sobre muchos niños, aun en períodos ya algo avanzados de la infancia, como excitante. En lugar de avergonzarse, ríen a carcajadas, corren por la habitación y se dan palmadas sobre el cuerpo hasta que su madre o la persona a cuyo cuidado están encomendados les afea su proceder, tachándolos de desvergonzados. Los niños muestran con frecuencia veleidad exhibicionista. Rara es la aldea en que el viajero no encuentra a algún niño de dos o tres años que levanta a su paso (y como en honor suyo) los faldones de su camisita. Uno de mis pacientes conservaba en su memoria consciente el recuerdo de una escena en que, teniendo ocho años, había intentado entrar en camisa, a la hora de acostarse, en la alcoba de su hermanita, capricho que le fue negado por la criada que de él cuidaba. En la historia infantil de los neuróticos desempeña la desnudez de niños de sexo opuesto al del sujeto un importantísimo papel.

La manía de los paranoicos de creerse observados cuando se visten o se desnudan debe ser enlazada a estos sucesos infantiles. Entre los perversos existe un grupo (el de los *exhibicionistas*) en el que el indicado impulso infantil ha pasado a la categoría de obsesión.

Cuando, en la edad adulta, volvemos la vista atrás se nos aparece esta época infantil en la que nada nos avergonzaba, como un paraíso, y en realidad el paraíso no es otra cosa que la fantasía colectiva de la niñez individual. Por esta razón se hace vivir en él, desnudos, a sus moradores, sin avergonzarse uno ante el otro, hasta que llega un momento en que despiertan la vergüenza y la angustia, sucede la expulsión y comienza la vida sexual y la labor de civilización. A este paraíso puede el sueño retrotraernos todas las noches. Ya indicamos antes nuestra sospecha de que las impresiones de la primera infancia (del período prehistórico, que alcanza hasta el final del cuarto año) demandan de por sí, y quizá sin que ello influya para nada su contenido, una reproducción, siendo, por tanto, su repetición una realización de deseos. Así pues, los sueños de desnudez son *sueños exhibicionistas*.

El nódulo del sueño exhibicionista queda constituido por la propia figura del sujeto (no en su edad infantil, sino en la actual) y por el desorden de parvedad de su vestido, detalle este último que, a causa de la superposición de recuerdos posteriores o de imposiciones de la censura, queda siempre indeterminado. A este nódulo se agregan las personas ante las cuales nos avergonzamos.

No conozco caso alguno de que entre estas personas retornen las que realmente presenciaron las pretéritas exhibiciones infantiles del sujeto. El sueño no es, en efecto, casi nunca un simple recuerdo. En todas las reproducciones que el sueño, la histeria y la neurosis obsesiva nos presentan quedan siempre omitidas aquellas personas a las que hicimos objeto de nuestro interés sexual en nuestra infancia.

Únicamente la paranoia hace retornar a los espectadores e impone al sujeto la más fanática convicción de su presencia, aunque los deja permanecer invisibles. Aquello con que el sueño los sustituye («mucha gente desconocida» que no presta atención al espectáculo que se les ofrece) constituye la *transformación, en su contrario,* del deseo del sujeto, orientado hacia la persona, familiar y única, a la que siendo niño dedicó su desnudez, en sus exhibiciones infantiles. Esta «gente desconocida» aparece también en muchos otros sueños e intercala en los más diversos contextos, significando entonces *secreto*, siempre como transformación, en su contrario, de un deseo. El retorno de la situación primitiva, que, como antes indicamos, se verifica en la paranoia, queda adaptado asimismo a esta contradicción. El sujeto tiene en ella la convicción de ser observado, pero los que así le observan son «gente desconocida, singularmente indeterminada».

La represión actúa también en estos sueños exhibicionistas. La penosa sensación que durante ellos experimentamos no es sino la reacción del segundo sistema contra el hecho de haber logrado, a pesar de todo, una representación, el contenido por él rechazado, de la escena exhibicionista. Ésta no debería haber sido reproducida, para evitar la sensación desagradable.

La intención consciente demanda que la exhibición prosiga, y la censura exige que se interrumpa.

Las relaciones de nuestros sueños típicos con las fábulas y otros temas de creación poética no son ciertamente escasas ni causales. La penetrante mirada de un escritor ha observado en una ocasión analíticamente el proceso de transformación de que el poeta es, en general, instrumento y ha sabido perseguir el desarrollo de dicho proceso remontando su curso, o sea referir a un sueño la obra poética.

¿Que cómo es posible tal comprobación? Helo aquí. «Cuando lejos de nuestra patria y de todo lo que nos es querido vagamos por tierras extrañas, y vemos y vivimos todo género de cosas, sufrimos y meditamos o nos hallamos quizá miserables y abandonados, soñamos indefectiblemente alguna noche que nos acercamos a nuestros lejanos lares. Los anhelados paisajes patrios aparecen ante nosotros con esplendorosos colores, y suaves figuras amadas salen a nuestro encuentro. Pero entonces nos damos cuenta de que llegamos destrozados, desnudos y cubiertos de polvo. Vergüenza y angustia infinitas se apoderan de nosotros. Intentamos cubrir nuestras desnudeces u ocultarnos, y acabamos por despertar bañados en sudor. Mientras existan seres humanos será éste el sueño del desgraciado al que el Destino hace vagar lejos de su patria. Vemos, pues, que la situación de Ulises ante Nausica ha sido tomada por Homero de la más profunda y eterna esencia de la Humanidad.»

Aludo con esto a Gottfried Keller, en cuya obra *Enrique el Verde* me ha señalado un amigo mío el siguiente pasaje: «No le deseo a usted, mi querido Lee, que compruebe por propia experiencia cuál fue la sensación de Ulises al surgir desnudo y cubierto de barro ante Nausica y sus compañeras.»

Ahora bien: esta eterna y más profunda esencia del hombre que todo poeta tiende siempre a despertar en sus oyentes, se halla constituida por aquellos impulsos y sentimientos de la vida anímica, cuyas raíces penetran en el temprano período infantil considerado luego como prehistórico. Detrás de los deseos del expatriado, capaces de conciencia y libres de toda objeción, se abren paso en el sueño los deseos infantiles, reprimidos y devenidos ilícitos, razón por la cual termina siempre en sueño de angustia este sueño que la leyenda de Nausica objetiviza.

El sueño antes expuesto, en el que la agilidad de que doy pruebas al subir la escalera se transforma a poco en la imposibilidad de hacer movimiento alguno, es igualmente un sueño exhibicionista, pues presenta los componentes esenciales de los de este género. Por tanto, habremos de poder referirlo a sucesos infantiles, y el conocimiento de estos sucesos habrá de permitirnos deducir hasta qué punto la conducta de la criada con respecto a mí y el reproche que me dirige por haber ensuciado la alfombra contribuyen a hacerla ocupar un lugar en mi sueño. No resulta, en efecto, nada difícil llegar por este camino a un total esclarecimiento. La labor psicoanalítica nos enseña a interpretar la contigüidad temporal como relación objetiva. Dos ideas, faltas en apariencia de todo nexo pero que se suceden inmediatamente, pertenecen a una unidad que habremos de adivinar del mismo modo que una *a* y una *b*, escritas una a continuación de otra en el orden marcado, forman la sílaba *ab* y han de ser pronunciadas conjuntamente. Esto mismo sucede con respecto a la relación de varios sueños entre sí. El citado sueño de la escalera forma parte de una serie cuyos restantes elementos me han revelado ya su sentido. Debe, pues, referirse al mismo tema. Ahora bien: dichos otros sueños tienen todos como base común mi recuerdo de una niñera a la que estuve confiado desde el destete hasta los dos años, persona de la que también mi memoria consciente conserva una oscura huella. Por lo que mi madre me ha referido hace poco sobre ella, sé que era vieja y fea, pero muy trabajadora y lista, y por las conclusiones que de mis sueños puedo deducir, he de admitir que no siempre se mostraba muy cariñosa conmigo, llegando a tratarme con rudeza cuando infringía las reglas de limpieza a las que quería acostumbrarme. La criada de mi anciana paciente, al tomar a su cargo en la escena real antes detallada la continuación de dicha labor educativa, me da derecho a tratarla en mi sueño como encarnación de aquella vieja niñera de mi época prehistórica. Habremos de admitir, además, que el niño, no obstante los malos tratos de que le hacía objeto, la distinguía con su amor.

Sueño de la muerte de personas queridas

Otros sueños que también hemos de considerar como típicos son aquellos cuyo contenido entraña la muerte de parientes queridos: padres, hermanos, hijos, etc. Ante todo observamos que estos sueños se dividen en dos clases: aquellos durante los que no experimentamos dolor alguno, admirándonos al despertar de nuestra insensibilidad, y aquellos otros en los que nos sentimos poseídos por una profunda aflicción hasta el punto de derramar durmiendo amargas lágrimas.

Los primeros no pueden ser considerados como típicos y, por tanto, no nos interesan de momento. Al analizarlos hallamos que significan algo muy distinto de lo que constituye su contenido y que su función es la de encubrir cualquier deseo diferente. Recordemos el de aquella joven que vio ante sí muerto y colocado en el ataúd a su sobrino, el único hijo que le quedaba a su hermana de dos que había tenido. El análisis nos demostró que este sueño no significaba el deseo de la muerte del niño, sino que encubría el de volver a ver después de larga ausencia a una persona amada a la que en análoga situación, esto es, cuando la muerte de su otro sobrino había podido contemplar de cerca al sujeto, también después de una prolongada separación. Este deseo, el verdadero contenido del sueño, no trae consigo motivo ninguno de duelo, razón por la cual no experimenta el sujeto, durante él, sentimiento alguno doloroso. Observamos aquí que la sensación concomitante al sueño no corresponde al contenido manifiesto, sino al latente, y que el contenido afectivo ha permanecido libre de la deformación de que ha sido objeto el contenido de representaciones.

Muy distintos de éstos son los sueños en que aparece representada la muerte de un pariente querido y sentimos dolorosos afectos. Su sentido es, en efecto, el que aparece manifiesto en su contenido, o sea el deseo de que muera la persona a que se refieren. Dado que los sentimientos de todos aquellos de mis lectores que hayan tenido alguno de estos sueños habrán de rebelarse contra esta afirmación mía, procuraré desarrollar su demostración con toda amplitud.

Los deseos que el sueño nos muestra realizados no son siempre deseos actuales. Pueden ser también deseos pasados, agotados, olvidados y reprimidos, a los que sólo por su resurgimiento en el sueño hemos de atribuir una especie de supervivencia. Tales deseos no han muerto, según nuestro concepto de la muerte, sino que son semejantes a aquellas sombras de la *Odisea*, que en cuanto bebían sangre despertaban a una cierta vida. No será quizá superfluo para la mejor inteligencia de nuestra teoría de los sueños el hacer constar aquí incidentalmente que incluso este mismo deseo se basa en un recuerdo de la más temprana infancia. La sujeto oyó, siendo niña, aunque no le es posible precisar el año, que, hallándose su madre embarazada de ella, deseó a causa de serios disgustos que el ser que llevaba en su seno muriera antes de nacer. Llegada a la edad adulta y embarazada a su vez, siguió la sujeto el ejemplo de su madre.

Cuando alguien sueña sintiendo profundo dolor en la muerte de su padre, su madre o alguno de sus hermanos, no habremos de utilizar ciertamente este sueño como demostración de que el sujeto desea *en la actualidad* que dicha persona muera. La teoría del sueño no exige tanto. Se contenta con deducir que lo ha deseado alguna vez en su infancia. Temo, sin embargo, que esta limitación no logre devolver la tranquilidad a aquellos que han tenido sueños de este género y que negarán la posibilidad de haber abrigado alguna vez tales deseos con la misma energía que ponen en afirmar su seguridad de no abrigarlos tampoco actualmente. En consecuencia, habré de reconstituir aquí, conforme a los testimonios que el presente ofrece a nuestra observación, una parte de la perdida vida anímica infantil.

Observamos, en primer lugar, la relación de los niños con sus hermanos. No sé por qué suponemos *a priori* que ha de ser cariñosísima, no obstante los muchos ejemplares con que constantemente tropezamos de enemistad entre hermanos adultos, enemistad de la que por lo general averiguamos que comenzó en épocas infantiles. Pero también muchos adultos que en la actualidad muestran gran cariño hacia sus hermanos y los auxilian y protegen con todo desinterés, vivieron con ellos durante su infancia en la interrumpida hostilidad. El hermano mayor maltrataba al menor, le acusaba ante sus padres y le quitaba sus juguetes; el menor, por su parte, se consumía de impotente furor contra el mayor, le envidiaba o temía, y sus primeros sentimientos de libertad y de conciencia de sus derechos fueron para rebelarse contra el opresor. Los padres dicen que los niños no congenian, pero no saben hallar razón alguna que lo justifique. No es difícil comprobar que el carácter del niño —aun el más bueno— es muy distinto del que nos parece deseable en el adulto. El niño es absolutamente egoísta, siente con máxima intensidad sus necesidades y tiende a satisfacerlas sin consideración a nadie y menos aún a los demás niños, sus competidores, entre los cuales se hallan en primera línea sus hermanos. Mas no por ellos calificamos al niño de *criminal*, sino simplemente de *malo*, pues nos damos cuenta de que es tan irresponsable ante nuestro propio juicio como lo sería ante los tribunales de justicia. Al pensar así nos atenemos a un principio de completa equidad, pues debemos esperar que en épocas que incluimos aún en la infancia despertaran en el pequeño egoísta la moral y los sentimientos de altruismo, o sea, para decirlo con palabras de Meynert, que un *yo* secundario vendrá a suponerse al primero, coartándolo. Claro es que la moralidad no surge simultáneamente en toda línea y que la duración del período amoral infantil es individualmente distinta. Las investigaciones psicoanalíticas me han demostrado que una aparición demasiado temprana (antes del tercer año) de la formación de reacciones morales debe ser contada entre los factores constitutivos de la predisposición a una ulterior neurosis. Allí donde tropezamos con una ausencia de dicho desarrollo moral solemos hablar de *degeneración* y nos hallamos indudablemente ante una detención o retraso del proceso evolutivo. Pero también en aquellos casos en los que el carácter primario queda dominado por la evolución posterior puede dicho carácter recobrar su libertad, al menos parcialmente, por medio de la histeria. La coincidencia del llamado *carácter histórico* con el de un niño *malo* es harto singular. En cambio, la neurosis obsesiva corresponde a la emergencia de una supermoralidad que a título de refuerzo y sobrecarga gravitaba sobre el carácter primario, el cual no renuncia jamás a imponerse.

Así, pues, muchas personas que en la actualidad aman a sus hermanos y experimentarían un profundo dolor ante su muerte, llevan en su inconsciente deseos hostiles a ellos procedentes de épocas anteriores, y estos deseos pueden hallar en sueños su realización. Resulta especialmente interesante observar la conducta de los niños pequeños (de tres años o incluso menores) con ocasión del nacimiento de un hermanito. El primogénito, que ha monopolizado hasta este momento todo el cariño y los cuidados de sus familiares, pone mala cara al oír que la cigüeña ha traído a otro niño, y luego, al serle mostrado el intruso, lo examina con aire disgustado y exclama decididamente: «¡Yo quiero que la cigüeña vuelva a llevárselo!»

A mi juicio, el niño se da perfecta cuenta de todos los inconvenientes que la presencia del hermanito le ha de traer consigo. De una señora a la que me unen lazos de parentesco y que en la actualidad se lleva de maravilla con su hermana, cuatro años más joven que ella, sé que al recibir la noticia de la llegada de otra niña exclamó, previniéndose: «Pero ¿no tendré que darle mi gorrita encarnada?» Si por azar se cumple cualquiera de estas prevenciones que en el ánimo de los niños despierta el nacimiento de un hermanito, ella constituirá el punto de partida de una duradera hostilidad. Conozco el caso de una niña de menos de tres años, que intentó ahogar en su cuna a un hermanito recién nacido, de cuya existencia no esperaba, por lo visto, nada bueno. Queda así demostrado, por esta y muchas otras observaciones coincidentes, que los niños de esta edad pueden experimentar ya, y muy intensamente, la pasión de los celos. Y cuando el hermanito muere y recae de nuevo sobre el primogénito toda la ternura de sus familiares, ¿no es lógico que si la cigüeña vuelve a traer otro competidor surja en el niño el deseo de que sufra igual destino para recobrar él la tranquila felicidad de que gozó antes del nacimiento y después de la muerte del primero? Naturalmente, esta conducta del niño con respecto a sus hermanos menores no es, en circunstancias normales, sino una simple función de la diferencia de edad. Al cabo de un cierto lapso de tiempo despiertan ya en la niña los instintos maternales con respecto al inocente recién nacido.

De todos modos, los sentimientos de hostilidad contra los hermanos tienen que ser durante la infancia mucho más frecuentes de lo que la poco penetrante observación de los adultos llega a comprobar.

En mis propios hijos, que se sucedieron rápidamente, he desperdiciado la ocasión de tales observaciones, falta que ahora intento reparar atendiendo con todo interés a la tierna vida de un sobrino mío, cuya dichosa soledad se vio perturbada al cabo de quince meses por la aparición de una competidora. Sus familiares me dicen que el pequeño se porta muy caballerosamente con su hermanita, besándole la mano y acariciándola; pero he podido comprobar que antes de cumplir los dos años ha comenzado a utilizar su naciente facultad de expresión verbal para criticar a aquel nuevo ser, que le parece absolutamente superfluo. Siempre que se habla de la hermanita ante él, interviene en la conversación, exclamando malhumorado: «¡Es muy pequeña!» Luego, cuando el espléndido desarrollo de la chiquilla desmiente ya tal crítica, ha sabido hallar el primogénito otro fundamento en que basar su juicio de que la hermanita no merece tanta atención como se le dedica, y aprovecha toda ocasión para hacer notar que «no tiene dientes». De otra sobrinita mía recordamos todos que, teniendo seis años, abrumó durante media hora a sus tías con la pregunta: «¿Verdad que Lucía no puede entender aún estas cosas?» Lucía era una hermanita suya, dos años y medio menor que ella.

En ninguna de mis enfermas he dejado de hallar sueños de este género, correspondientes a una intensa hostilidad con sus hermanos. Un único caso, que pareció presentarse al principio como excepción, demostró no ser sino la confirmación de la regla. Habiendo interrogado a un paciente sobre estos extremos, recibí, para mi asombro, la respuesta de que jamás había tenido tal sueño. Pero momentos después recordó uno que aparentemente carecía de relación con los que nos ocupan y que había soñado por primera vez a los cuatro años, siendo la menor de las hermanas, y luego repetidas veces. «Una multitud de niños, entre los que se hallaban todos sus hermanos, hermanas, primos y primas, juegan en una pradera. De repente les nacen alas, echan a volar y desaparecen.» La paciente no tenía la menor sospecha de la significación de este sueño, mas para nosotros no resulta nada difícil reconocer en él un sueño de muerte de todos los hermanos en la forma original escasamente influida por la censura. Así, creo poder construir el análisis siguiente: La sujeto vivía con sus hermanos y sus primos; con ocasión de la muerte de uno de ellos, acaecida cuando aún no había cumplido ella cuatro años, debió preguntar a alguno de sus familiares qué era de los niños cuando morían. La respuesta debió ser que les nacían alas y se convertían en ángeles, aclaración que el sueño aprovecha, transformando en ángeles a todos los hermanos, y lo que es más importante, haciéndolos desaparecer. Imaginemos lo que para la pequeña significaría ser la única superviviente de toda la familiar caterva infantil. La imagen de los niños jugando en una pradera antes de desaparecer volando se refiere, sin duda, al revolotear de las mariposas, como si la niña hubiese seguido la misma concatenación de ideas que llevó a los antiguos a atribuir a Psiquis alas de mariposa.

Quizá opongan aquí algunos de mis lectores la objeción de que, aun aceptando los impulsos hostiles de los niños contra sus hermanos, no es posible que el espíritu infantil alcance el grado de maldad que supone desear la muerte a sus competidores, como si no hubiera más que esta máxima pena para todo delito. Pero los que así piensan no reflexionan que el concepto de *estar muerto* no tiene para el niño igual significado que para nosotros. El niño ignora por completo el horror de la putrefacción, el frío del sepulcro y el terror de la nada eterna, representaciones todas que resultan intolerables para el adulto, como nos lo demuestran todos los mitos *del más allá*. Desconoce el miedo a la muerte, y de este modo juega con la terrible palabra amenazando a sus compañeros. «Si haces eso otra vez te morirás, como se murió Paquito», amenaza que la madre escucha con horror, sabiendo que más de la mitad de los nacidos no pasan de los años infantiles. De un niño de ocho años sabemos que al volver de una visita al Museo de Historia Natural dijo a su madre: «Te quiero tanto, que cuando mueras mandaré que te disequen y te tendré en mi cuarto para poder verte siempre.» ¡Tan distinta es de la nuestra la infantil representación de la muerte!

Haber muerto significa para el niño, al que se evita el espectáculo de los sufrimientos, de la agonía, tanto como *haberse ido* y no estorbar ya a los supervivientes, sin que establezca diferencia alguna entre las causas (viaje o muerte) a que la ausencia pueda obedecer. Cuando en los años prehistóricos de un niño es despedida su niñera y muere a poco su madre, quedan ambos sucesos superpuestos para su recuerdo dentro de una misma serie, circunstancia que el análisis nos descubre en gran número de casos. La poca intensidad con que los niños echan de menos a los ausentes ha sido comprobada, a sus expensas, con muchas madres, que al regresar de un viaje de algunas semanas oyen que sus hijos no han preguntado ni una sola vez por ellas. Y cuando el viaje es a «aquella tierra ignota de la que jamás retorna ningún viajero», los niños parecen, al principio, haber olvidado a su madre, y sólo posteriormente comienzan a recordarla.

Así, pues, cuando el niño tiene motivos para desear la ausencia de otro carece de toda retención que pudiese apartarla de dar a dicho deseo la forma de la muerte de su competidor, y la reacción psíquica al sueño de deseo de muerte prueba que, no obstante las diferencias de contenido, en el niño es tal deseo idéntico al que en igual sentido puede abrigar el adulto.

Pero si este infantil deseo de la muerte de los hermanos queda explicado por el egoísmo del niño, que no ve en ellos sino competidores, ¿cómo explicar igual optación con respecto a los padres, que significan para él una inagotable fuente de amor y cuya conservación debiera desear, aun por motivos egoístas, siendo como son los que cuidan de satisfacer sus necesidades?

La solución de esta dificultad nos es proporcionada por la experiencia de que los sueños de este género se refieren casi siempre, en el hombre, al padre, y en la mujer, a la madre; esto es, al inmediato ascendiente de sexo igual al del sujeto. No constituye esto una regla absoluta, pero sí predomina suficientemente para impulsarnos a buscar su explicación en un factor de alcance universal. En términos generales, diríamos, pues, que sucede como si desde edad muy temprana surgiese una preferencia sexual; esto es, como si el niño viviese en el padre y la niña en la madre, rivales de su amor, cuya desaparición no pudiese serles sino ventajosa.

Antes de rechazar esta idea, tachándola de monstruosa, deberán examinarse atentamente las relaciones afectivas entre padres e hijas, comprobando la indudable diferencia existente entre lo que la evolución civilizadora exige que sean tales relaciones y lo que la observación cotidiana nos demuestra que en realidad son. Aparte de entrañar más de un motivo de hostilidad, constituye terreno abonado para la formación de deseos rechazables por la censura. Examinaremos, en primer lugar, las relaciones entre padre e hijo. A mi juicio, el carácter sagrado que hemos reconocido a los preceptos del Decálogo vela nuestra facultad de percepción de la realidad, y de este modo no nos atrevemos casi a darnos cuenta de que la mayor parte de la Humanidad infringe el cuarto mandamiento. Tanto en las capas más altas de la sociedad humana, como en las más bajas, suele posponerse el amor filial a otros intereses. Los oscuros datos que en la mitología y la leyenda podemos hallar sobre la época primitiva de la sociedad humana, nos dan una idea poco agradable de la plenitud de poder del padre, de la tiranía con que el mismo hacía uso de ella. Cronos devora a sus hijos y Júpiter castra a su padre y le arrebata el trono. Cuanto más ilimitado era el poder del padre en la antigua familia, tanto más había de considerar a su hijo y sucesor como un enemigo, y mayor había de ser la impaciencia del hijo por alcanzar el poder de la muerte de su progenitor. Todavía en nuestra familia burguesa suele el padre contribuir al desarrollo de los gérmenes de hostilidad que las relaciones paterno-filiales entrañan, negando al hijo el derecho de escoger su camino en la vida o los medios necesarios para emprenderlo. El médico tiene frecuentísimas ocasiones de comprobar cómo el dolor causado por la muerte del padre no basta para reprimir la satisfacción de la libertad por fin alcanzada. Sin embargo, los restos de la *potestas patris familias*, muy anticuada ya en nuestra sociedad, son celosamente guardados todavía por todos los padres, y el poeta que coloca en primer término de su fábula la antiquísima lucha entre padre e hijo puede estar seguro de su efecto sobre el público. Las ocasiones de conflicto entre madre e hija surgen cuando esta última, hecha ya mujer, encuentra en aquélla un obstáculo a su deseada libertad sexual y le recuerda, a su vez, que para ella ha llegado ya el tiempo de renunciar a toda satisfacción de dicho género.

Todas estas circunstancias se presentan a nuestros ojos con perfecta evidencia. Pero como no bastan para explicarnos el hecho de que estos sueños sean también soñados por personas sobre cuyo amor filial en la actualidad no cabe discusión, habremos de suponer que el deseo de la muerte de los padres se deriva también de la más temprana infancia.

Esta hipótesis queda confirmada por el análisis y sin lugar a dudas, con respecto a los psiconeuróticos. Al someter a estos enfermos a la labor analítica, descubrimos que los deseos sexuales infantiles (hasta el punto de que hallándose en estado de germen merecen este nombre) despiertan muy tempranamente y que la primera inclinación de la niña tiene como objeto al padre, y la del niño, a la madre. De este modo, el inmediato ascendiente del sexo igual al del hijo se convierte para éste en importuno rival, y ya hemos visto, al examinar las relaciones paternas, cuán poco se necesita para que este sentimiento conduzca al deseo de muerte. La atracción sexual actúa también, generalmente, sobre los mismos padres, haciendo que por un rasgo natural prefiera y proteja la madre a los varones, mientras que el padre dedica mayor ternura a las hijas, conduciéndose en cambio ambos con igual severidad en la educación de sus descendientes cuando el mágico poder del sexo no perturba su juicio. Los niños se dan perfecta cuenta de tales preferencias y se rebelan contra aquel de sus inmediatos ascendientes que los trata con mayor rigor. Para ellos, el amor de los adultos no es sólo la satisfacción de una especial necesidad, sino también una garantía de que su voluntad será respetada en otros órdenes diferentes. De este modo siguen su propio instinto sexual y renuevan al mismo tiempo con ello el estímulo que parte de los padres cuando su elección coincide con la de ellos.

La mayor parte de los signos en que se exteriorizan estas inclinaciones infantiles suele pasar inadvertida. Algunos de tales indicios pueden observarse aún en los niños después de los primeros años de su vida. Una niña de ocho años, hija de un amigo mío, aprovechó una ocasión en que su madre se ausentó de la mesa para proclamarse su sucesora, diciendo a su padre: «Ahora soy yo la mamá. ¿No quieres más verdura, Carlos? Anda, toma un poco más.» Con especial claridad se nos muestra este fragmento de la psicología infantil en las siguientes manifestaciones de una niña de menos de cuatro años, muy viva e inteligente: «Mamá puede irse ya. Papá se casará conmigo. Yo quiero ser su mujer.» En la vida infantil no excluye este deseo un tierno y verdadero cariño de la niña por su madre. Cuando el niño es acogido durante la ausencia del padre en el lecho matrimonial y duerme al lado de su madre hasta que al regreso de su progenitor vuelve a su alcoba, al lado de otra persona que le gusta menos, surge en él fácilmente el deseo de que el padre se halle siempre ausente para poder conservar sin interrupción su puesto junto a su querida mamá bonita, y el medio de conseguir tal deseo es, naturalmente, que el padre muera, pues sabe por experiencia que los *muertos*, esto es, personas como, por ejemplo, el abuelo, se hallan siempre ausentes y no vuelven jamás.

Si tales observaciones de la vida infantil se adaptan sin esfuerzo a la interpretación propuesta, no nos proporcionan, sin embargo, la total convicción que los psicoanálisis de adultos neuróticos imponen al médico. La comunicación de los sueños de este género es acompañada por ellos de tales preliminares y comentarios, que su interpretación como sueños optativos se hace ineludible. Una señora llega a mi consulta toda conturbada y llorosa. «No quiero ver más a mi familia, —me dice. Tengo que causarles horror.» Seguidamente y casi sin transición me relata un sueño cuyo significado desconoce. Lo soñó teniendo cuatro años y su contenido es el siguiente: «Ve andar a un lince o una zorra por encima de un tejado. Después cae algo o se cae ella del tejado abajo. Luego sacan de casa a su madre muerta y rompe ella a llorar amargamente.» Apenas expliqué a la sujeto que su sueño tenía que significar el deseo infantil de ver morir a su madre y que el recuerdo del mismo es lo que la inspira ahora la idea de que tiene que causar horror a su familia, me suministró espontáneamente material bastante para un total esclarecimiento. Siendo niña, un golfillo que había encontrado en la calle se había burlado de ella aplicándole algunas calificaciones zoológicas, entre las que se hallaba la de «lince», y, posteriormente, teniendo ya tres años, había sido herida su madre por una teja que le cayó sobre la cabeza, originándole intensa hemorragia.

Durante algún tiempo he tenido ocasión de estudiar con todo detalle a una niña que pasó por diversos estados psíquicos. En la demencia frenética con que comenzó su enfermedad, mostró una especial repulsión hacia su madre, insultándola y golpeándola en cuanto intentaba acercarse a su lecho. En cambio, se mostraba muy cariñosa y dócil para con su hermana, bastante mayor que ella. A ese período de excitación siguió otro más despejado, aunque algo apático y con grandes perturbaciones del reposo, fase en la que comencé a someterla a tratamiento y a analizar sus sueños. Gran cantidad de los mismos trataba, más o menos encubiertamente, de la muerte de la madre. Así, asistía la sujeto al entierro de una anciana o se reía sentada en la mesa con su hermana, ambas vestidas de luto. El sentido de estos sueños no ofrecía la menor duda. Conseguida luego una más firme mejoría, aparecieron diversas fobias, entre las cuales la que más le atormentaba era la de que a su madre le había sucedido algo, viéndose incoerciblemente impulsada a retornar a su casa, cualquiera que fuese el lugar en que estuviese, para convencerse de que aún se hallaba con vida. Este caso, confrontado con mi experiencia anterior en la materia, me fue altamente instructivo, mostrándome, como una traducción de un tema a varios idiomas, diversas reacciones del aparato psíquico a la misma representación estimuladora. En la demencia inicial, dependiente, a mi juicio, del *vencimiento* de la segunda instancia psíquica por la primera, hasta entonces reprimida, adquirió poder motor la hostilidad inconsciente contra la madre. Luego, al comienzo de la fase pacífica, reprimida la rebelión y restablecida la censura, no quedó accesible a dicha hostilidad para la realización del deseo de muerte en que se concretaba, dominio distinto del de sus sueños, y, por último, robustecida la normalidad, creó, como reacción contraria histérica y fenómeno de defensa, la excesiva preocupación con respecto a la madre. Relacionándolo con este proceso, no nos resulta ya inexplicable el hecho de que las muchachas histéricas manifiesten con tanta frecuencia un tan exagerado cariño a sus madres.

En otra ocasión me fue dado penetrar profundamente en la vida anímica inconsciente de un joven al que la neurosis obsesiva hacía casi imposible la vida, pues la preocupación de que mataba a todos los que con él se cruzaban le impedía salir a la calle. Encerrado así en su casa, pasaba el día ordenando los medios con que le sería posible probar la coartada en caso de ser acusado de algún asesinato cometido en la ciudad. Excuso decir que se trataba de un hombre de elevado sentido moral y gran cultura. El análisis, mediante el cual conseguí una completa curación, reveló, como fundamento de esa penosa representación obsesiva, el impulso de matar a su padre, persona de extremada severidad, sentido conscientemente con horror por nuestro sujeto a la edad de siete años, pero que, naturalmente, procedía de épocas mucho más tempranas de su infancia. Después de la dolorosa enfermedad que llevó a su padre al sepulcro, teniendo ya el sujeto treinta y un años, surgió en él el reproche obsesivo que adoptó la forma de la fobia antes indicada. De una persona capaz de precipitar a su padre a un abismo, desde la cima de una montaña, ha de esperarse que no estimará en mucho la vida de aquellos a los que ningún lazo le une. Así, pues, lo mejor que puede hacer es permanecer encerrado en su cuarto.

Según mi experiencia, ya muy repetida sobre estas cuestiones, desempeñan los padres el papel principal en la vida anímica infantil de todos aquellos individuos que más tarde enferman de psiconeurosis, y el enamoramiento del niño por su madre y el odio hacia el padre (o viceversa, en las niñas) forman la firme base del material de sentimientos psíquicos constituido en dicha época y tan importante para la sintomática de la neurosis ulterior. Sin embargo, no creo que los psiconeuróticos se diferencien en esto grandemente de los demás humanos que han permanecido dentro de la normalidad, pues no presentan nada que les sea exclusivo y peculiar. Lo más probable sea que sus sentimientos amorosos y hostiles con respecto a sus padres no hagan sino presentarnos amplificado aquello que con menor intensidad y evidencia sucede en el alma de la mayoría de los niños, hipótesis que hemos tenido ocasión de comprobar repetidas veces en la observación de niños normales.

En apoyo de este descubrimiento nos proporciona la antigüedad una leyenda cuya general impresión sobre el ánimo de los hombres, sólo por una análoga generalidad de las hipótesis discutida, nos parece comprensible.

Aludimos con esto a la leyenda del rey Edipo y al drama de Sófocles en ella basado. Edipo, hijo de Layo, rey de Tebas, y de Yocasta, fue abandonado al nacer sobre el monte Citerón, pues un oráculo había predicho a su padre que el hijo que Yocasta llevaba en su seno sería un asesino. Recogido por unos pastores, fue llevado Edipo al rey de Corinto, que lo educó como un príncipe. Deseoso de conocer su verdadero origen, consultó un oráculo, que le aconsejó no volviese nunca a su patria, porque estaba destinado a dar muerte a su padre y a casarse con su madre. No creyendo tener más patria que Corinto, se alejó de aquella ciudad, pero en su camino encontró al rey Layo y lo mató en una disputa. Llegado a las inmediaciones de Tebas, adivinó el enigma de la Esfinge que cerraba el camino hasta la ciudad, y los tebanos, en agradecimiento, le coronaron rey, concediéndole la mano de Yocasta. Durante largo tiempo reinó digna y pacíficamente, engendrando con su madre y esposa dos hijos y dos hijas, hasta que asolada Tebas por la peste decidieron los tebanos consultar al oráculo en demanda del remedio. En este momento comienza la tragedia de Sófocles. Los mensajeros traen la respuesta en que el oráculo declara que la peste cesará en el momento en que sea expulsado del territorio nacional el matador de Layo. Mas ¿dónde hallarlo?

¿Dónde hallar
la oscura huella de la antigua culpa?

La acción de la tragedia se halla constituida exclusivamente por el descubrimiento paulatino y retardado con supremo arte —proceso comparable al de un psicoanálisis— de que Edipo es el asesino de Layo y al mismo tiempo su hijo y el de Yocasta. Horrorizado ante los crímenes que sin saberlo ha cometido, Edipo se arranca los ojos y huye de su patria. La predicción del oráculo se ha cumplido.

Edipo rey es una tragedia en la que el factor principal es el Destino. Su efecto trágico reposa en la oposición entre la poderosa voluntad de los dioses y la vana resistencia del hombre amenazado por la desgracia. Las enseñanzas que el espectador, hondamente conmovido, ha de extraer de la obra con la resignación ante los dictados de la divinidad y el reconocimiento de la propia impotencia. Fiados en la impresión que jamás deja de producir la tragedia griega, han intentado otros poetas de la época moderna lograr un análogo efecto dramático, entretejiendo igual oposición en una fábula distinta. Pero los espectadores han presenciado indiferentes cómo, a pesar de todos los esfuerzos de un protagonista inocente, se cumplían en él una maldición o un oráculo. Todas las tragedias posteriores, basadas en la fatalidad, han carecido de efecto sobre el público.

En cambio, el *Edipo rey* continúa conmoviendo al hombre moderno tan profunda e intensamente como a los griegos contemporáneos de Sófocles, hecho singular cuya única explicación es quizá la de que el efecto trágico de la obra griega no resida en la oposición misma entre el destino y la voluntad humana, sino en el peculiar carácter de la fábula en que tal oposición queda objetivizada. Hay, sin duda, una voz interior que nos impulsa a reconocer el poder coactivo del destino en Edipo, mientras que otras tragedias construidas sobre la misma base nos parecen inaceptablemente arbitrarias. Y es que la leyenda del rey tebano entraña algo que hiere en todo hombre una íntima esencia natural. Si el destino de Edipo nos conmueve porque habría podido ser el nuestro y porque el oráculo ha suspendido igual maldición sobre nuestras cabezas antes que naciéramos. Quizá nos estaba reservado a todos dirigir hacia nuestra madre nuestro primer impulso sexual y hacia nuestro padre el primer sentimiento de odio y el primer deseo destructor. Nuestros sueños testimonian de ello. El rey Edipo, que ha matado a su padre y tomado a su madre en matrimonio, no es sino la realización de nuestros deseos infantiles. Pero, más dichosos que él, nos ha sido posible, en épocas posteriores a la infancia, y en tanto en cuanto no hemos contraído una psiconeurosis, desviar de nuestra madre nuestros impulsos sexuales y olvidar los celos que el padre nos inspiró. Ante aquellas personas que han llegado a una realización de tales deseos infantiles, retrocedemos horrorizados con toda la energía del elevado montante de represión que sobre los mismos se ha acumulado en nosotros desde nuestra infancia. Mientras que el poeta extrae a la luz, en el proceso de investigación que constituye el desarrollo de su obra, la culpa de Edipo, nos obliga a una introspección en la que descubrimos que aquellos impulsos infantiles existen todavía en nosotros, aunque reprimidos. Y las palabras con que el coro pone fin a la obra: «Miradle; es Edipo; — el que resolvió los intrincados enigmas y ejerció el más alto poder; — aquel cuya felicidad ensalzaban y envidiaban todos los ciudadanos. — ¡Vedle sumirse en las crueles olas del destino fatal!» Estas palabras hieren nuestro orgullo de adultos, que nos hace creernos lejos ya de nuestra niñez y muy avanzados por los caminos de la sabiduría y del dominio espiritual. Como Edipo, vivimos en la ignorancia de aquellos deseos inmorales que la Naturaleza nos ha impuesto, y al descubrirlos quisiéramos apartar la vista de las escenas de nuestra infancia.

En el texto mismo de la tragedia de Sófocles hallamos una inequívoca indicación de que la leyenda de Edipo procede de un antiquísimo tema onírico, en cuyo contenido se refleja esta dolorosa perturbación, a que nos venimos refiriendo, de las relaciones filiales por los primeros impulsos de la sexualidad. Para consolar a Edipo, ignorante aún de la verdad, pero preocupado por el recuerdo de la predicción del oráculo, le observa Yocasta que el sueño del incesto es soñado por muchos hombres y carece, a su juicio, de toda significación: «*Son muchos los hombres que se han visto en sueños cohabitando con su madre.*» Pero aquel que no ve en ellos sino vanas fantasías soporta sin pesadumbre la carga de la vida.

Este sueño es soñado aún, como entonces, por muchos hombres, que al despertar lo relatan llenos de asombro e indignación. En él habremos, pues, de ver la clave de la tragedia y el complemento al de la muerte del padre. La fábula de Edipo es la reacción de la fantasía a estos dos sueños típicos, y así como ellos despiertan en el adulto sentimientos de repulsa, tiene la leyenda que acoger en su contenido el horror al delito y el castigo del delincuente, que éste se impone por su propia mano. La ulterior conformación de dicho contenido procede nuevamente de una equivocada elaboración secundaria, que intenta ponerlo al servicio de un propósito teologizante. Pero la tentativa de armonizar la omnipotencia divina con la responsabilidad humana tiene que fracasar aquí, como en cualquier otro material que quiera llevarse a cabo.

Sobre base idéntica a la de *Edipo rey* se halla construida otra de las grandes creaciones trágicas: el *Hamlet* shakesperiano. Pero la distinta forma de tratar una misma materia nos muestra la diferencia espiritual de ambos períodos de civilización, tan distantes uno de otro, y el progreso que a través de los siglos va efectuando la represión en la vida espiritual de la Humanidad. En *Edipo rey* queda exteriorizada y realizada, como en el sueño, la infantil fantasía optativa, base de la tragedia. Por el contrario, en *Hamlet* permanece dicha fantasía reprimida, y sólo por los efectos coactivos que de ella emanan nos enteramos de su existencia, situación análoga a la de la neurosis. La creación shakesperiana nos demuestra, de este modo, la singular posibilidad de obtener un arrollador efecto trágico, dejando en plena oscuridad el carácter del protagonista. Vemos, desde luego, que la obra se halla basada en la vacilación de Hamlet en cumplir la venganza que le ha sido encomendada, pero el texto no nos revela los motivos o razones de tal indecisión, y las más diversas tentativas de interpretación no han conseguido aún indicárnoslas. Según la opinión hoy dominante, iniciada por Goethe, representa Hamlet aquel tipo de hombre cuya viva fuerza de acción queda paralizada por el exuberante desarrollo de la actividad intelectual. Según otros, ha intentado describir el poeta un carácter enfermizo, indeciso y marcado con el sello de la neurastenia. Pero la trama de la obra demuestra que Hamlet no debe ser considerado, en modo alguno, como una persona incapaz de toda acción. Dos veces le vemos obrar decididamente: una de ellas, con apasionado arrebato, cuando da muerte al espía oculto detrás del tapiz, y otra conforme a un plan reflexivo y hasta lleno de astucia, cuando, con toda la indiferencia de los príncipes del Renacimiento, envía a la muerte a los dos cortesanos que tenían la misión de conducirle a ella. ¿Qué es, por tanto, lo que le paraliza en la ejecución de la empresa que el espectro de su padre le ha encomendado? Precisamente el especial carácter de dicha misión. Hamlet puede llevarlo todo a cabo, salvo la venganza contra el hombre que ha usurpado, en el trono y en el lecho conyugal, el puesto de su padre, o sea contra aquel que le muestra la realización de sus deseos infantiles. El odio que había de impulsarle a la venganza queda sustituido en él por reproches contra sí mismo y escrúpulos de conciencia que le muestran incurso en los mismos delitos que está llamado a castigar en el rey Claudio. De estas consideraciones, con las que no hemos hecho sino traducir conscientemente lo que en el alma del protagonista tiene que permanecer inconsciente, deduciremos que lo que en Hamlet hemos de ver es un histérico, deducción que queda confirmada por su repulsión sexual, exteriorizada en su diálogo con Ofelia. Esta repulsión sexual es la misma que a partir del *Hamlet* va apoderándose, cada vez más por entero, del alma del poeta, hasta culminar en *Timón de Atenas*. La vida anímica de Hamlet no es otra que la del propio Shakespeare. De la obra de Georg Brandes sobre este autor (1896) tomo el dato de que

Hamlet fue escrito a raíz de la muerte del padre del poeta (1601); esto es, en medio del dolor que tal pérdida había de causar al hijo y, por tanto, de la reviviscencia de los sentimientos infantiles del mismo con respecto a su padre. Conocido es también que el hijo de Shakespeare, muerto en edad temprana, llevaba el nombre de *Hamlet* (idéntico al de Hamlet). Así, como *Hamlet* trata de la relación del hijo con sus padres, *Macbeth*, escrito poco después, desarrolla el tema de la esterilidad. Del mismo modo que el sueño y en general todo síntoma neurótico es susceptible de una superinterpretación e incluso precisa de ella para su completa inteligencia, así también toda verdadera creación poética debe haber surgido de más de un motivo y un impulso en el alma del poeta y permitir, por tanto, más de una interpretación. Lo que aquí hemos intentado es, únicamente, la interpretación del más profundo estrato de sentimientos del alma de un poeta creador.

No puedo abandonar el tema de los sueños típicos de la muerte de pacientes queridos sin aclarar aún más, con algunas indicaciones, su importancia para la teoría de los sueños. Se da en ellos el caso, nada común, de que la idea onírica formada por el deseo reprimido escapa a toda censura y aparece inmodificada en el contenido manifiesto. Este hecho tiene que ser facilitado por circunstancias especiales. Hay, en efecto, dos factores que lo favorecen: en primer lugar, no existe deseo alguno del que nos creamos más lejanos. Opinamos que *ni siquiera en sueños podría ocurrírsenos* desear cosa semejante, y de este modo resulta que la censura no se halla preparada para tal monstruosidad, análogamente a como las leyes de Solón no sabían encontrar un castigo proporcionado al delito del parricidio. Pero, además, el deseo reprimido e insospechado recibe, con gran frecuencia en estos casos, el apoyo de un resto diurno relativo a las *preocupaciones* que durante la vigilia hemos abrigado con respecto a la vida de personas que nos son queridas. Esta preocupación no puede llegar a incluirse en un sueño sirviéndose del deseo de igual sentido, el cual puede, a su vez, disfrazarse bajo la apariencia de la preocupación que nos ha embargado durante el día. Aquellos que opinen que el proceso es mucho más sencillo y que no hacemos sino continuar, durante la noche y en sueños, lo que nos ha preocupado durante el día, habrán de dejar los sueños de muerte de personas queridas fuera de toda relación con el esclarecimiento del fenómeno onírico y conservar sin resolver, superfluamente, un enigma fácil de desentrañar.

Resulta también muy instructivo perseguir la relación de estos sueños con los de angustia. En los de la muerte de personas queridas, ha hallado el deseo reprimido un camino por el que poder eludir la censura y la deformación por ella impuesta. Siempre que esto se verifica en un sueño, experimentamos durante el mismo, como fenómeno concomitante, sensaciones dolorosas. Correlativamente, sólo se produce el sueño de angustia cuando la censura es vencida total o parcialmente y, por otro lado, la preexistencia de angustia como sensación actual emanada de fuentes somáticas facilita el vencimiento de la censura. De este modo vemos ya claramente la tendencia en favor de la cual labora la censura imponiendo la deformación, tendencia que no es sino la de *impedir el desarrollo de angustia o de otra forma cualquiera de afecto penoso*.

En páginas que anteceden traté del egoísmo del alma infantil, y quiero reanudar aquí el examen de este tema para demostrar que los sueños han conservado también este carácter. Todos, sin excepción, son egoístas y en todos aparece el amado *yo*, aunque oculto bajo el disfraz. Los deseos que en ellos quedan realizados son siempre deseos de dicho *yo*, y cuando el sueño nos parece obedecer a un interés por otra persona, ello no es sino una engañosa apariencia. Someteré aquí al análisis algunos sueños que parecen contradecir esta afirmación:

1. Un niño de menos de cuatro años relata el siguiente sueño: «He visto una gran fuente que contenía un gran pedazo de carne asada. De repente se lo comía alguien, de una sola vez y sin cortar. Pero no veía quién era la persona que se lo había comido.»

¿Quién podrá ser el individuo con cuyo copioso almuerzo sueña el niño? Los sucesos del día del sueño nos proporcionarán, sin duda, el esclarecimiento deseado. El sujeto se halla hace algunos días, por prescripción facultativa, a dieta láctea. Pero la tarde anterior había sido malo y le fue impuesto el castigo de acostarse sin siquiera tomar la leche. Ya en otra ocasión había sido sometido a una análoga cura de ayuno, resistiéndola muy valientemente, sin intentar siquiera que le levantasen el castigo confesando su hambre. La educación comienza ya a actuar sobre él, revelándose en el principio de deformación que su sueño presenta. No cabe duda que la persona que en su sueño almuerza tan a satisfacción, y precisamente carne asada, es él mismo. Pero como sabe que le está prohibido, no se atreve a hacer lo que los niños hambrientos hacen en sueños; esto es, darse un espléndido banquete, y el invitado permanece anónimo.

2. Sueño ver en el escaparate de una librería un tomo nuevo de una colección cuyas publicaciones suelo adquirir siempre (monografías artísticas o históricas). *Este tomo inicia una nueva serie titulada: «Oradores (o discursos) famosos» y ostenta en la portada el nombre del doctor Lecher.*

El análisis me demuestra desde el primer momento lo inverosímil de que pueda ocuparme, efectivamente, en sueños, la personalidad del doctor Lecher, famoso por la resistencia que demostró hablando hora tras hora en el Parlamento alemán, durante una campaña obstruccionista. La verdad es que hace algunos días se ha aumentado el número de pacientes que tengo sometidos al tratamiento psíquico y me veo obligado a hablar durante nueve o diez horas diarias. Soy yo, por tanto, el resistente orador.

3. En otra ocasión sueño que un profesor de nuestra Universidad, conocido mío, me dice: *Mi hijo, el miope*. A estas palabras se enlaza un diálogo compuesto de breves frases. Pero luego sigue un tercer fragmento onírico, en el que aparezco yo con mis hijos. En el contenido latente, el profesor M. y su hijo no son sino maniquíes que encubren mi propia persona y la de mi hijo mayor. Sobre este sueño habremos de volver más adelante, con motivo de otra de sus peculiaridades.

4. El siguiente sueño nos da un ejemplo de sentimientos ruines y egoístas, ocultos bajo la apariencia de una tierna solicitud.

«Mi amigo Otto tiene mala cara. Su tez ha tomado un tinte oscuro y los ojos parecen querer salírsele de las órbitas.»

Otto es nuestro médico de cabecera. No tengo la menor esperanza de saldar jamás mi deuda de gratitud para con él, pues vela hace ya muchos años por la salud de mis hijos, los ha asistido siempre con éxito y aprovecha además cualquier ocasión que se presenta para colmarlos de regalos. La tarde anterior al sueño que nos ocupa había venido a visitarnos, observando mi mujer que parecía hallarse fatigado y deprimido. Aquella misma noche le atribuye mi sueño dos de los síntomas característicos de la enfermedad de Basedow. Aquellos que se niegan a aceptar mis reglas de interpretación no verán en este sueño sino una continuación de los cuidados que el mal aspecto de mi amigo me había inspirado en la vigilia. Pero una tal interpretación *contradeciría* los principios de que el sueño es una realización de deseos y accesible tan sólo a sentimientos egoístas. Además, habríamos de invitar a partidarios a explicarnos por qué la enfermedad que temo aqueje a mi amigo es precisamente el bocio exoftálmico, diagnóstico para el que no ofrece su aspecto real el más pequeño punto de apoyo. En cambio, mi análisis me proporciona el material siguiente, derivado de un suceso acaecido seis años antes. Varios amigos, entre ellos el profesor R., atravesábamos en carruaje el bosque de N., distante algunas horas de nuestra residencia veraniega. Era ya noche cerrada, y el cochero, que había abusado de la bebida, nos hizo volcar en una pendiente, sin grave daño para nuestras personas, pero obligándonos a pernoctar en una vecina hostería, donde la noticia del accidente atrajo el interés de los demás viajeros. Un caballero, que mostraba algunos de los signos característicos del *morbus Basedowii* (tez oscura y ojos saltones, como Otto en mi sueño), se puso por completo a nuestra disposición, preguntándonos en qué podía sernos útil. El profesor R., con su acostumbrada sequedad, le respondió: «Por mí, lo único que puede usted hacer es prestarme una camisa de dormir.» Pero la generosidad del amable auxiliador no debía llegar a tanto, pues, alegando que no le era posible acceder a la petición del profesor, se alejó de nuestro lado.

En la continuación del análisis se me ocurre (aunque sin grandes seguridades sobre la exactitud de tal conocimiento) que Basedow no es sólo el nombre de un médico, sino también el de un famoso pedagogo. Mi amigo Otto es la persona a quien he rogado que, en caso de sucederme alguna desgracia, vele por la educación física de mis hijos, especialmente durante la pubertad (de aquí la camisa de dormir). Atribuyéndole luego, en el sueño, los síntomas patológicos de nuestro generoso auxiliador, es como si quisiera decir: «Si me sucede algo, le tendrán tan sin cuidado mis hijos como nosotros en aquella ocasión al barón de L., no obstante sus amables ofrecimientos.» Pero el nódulo egoísta de este sueño tenía que quedar encubierto de alguna manera.

Mas ¿dónde se halla aquí la realización de deseos? Desde luego no en la venganza contra mi amigo Otto, cuyo destino es, por lo visto, que yo le maltrate en mis sueños, sino en la siguiente relación: representando a Otto en mi sueño por la persona del barón de L., he identificado mi propia persona con la de otro; esto es, con la del profesor R., pues demando algo de Otto, como el profesor del barón, en aquella circunstancia. El profesor R. ha seguido, como yo, independientemente su camino, y sólo después de largos años ha alcanzado un título que merecía desde mucho antes. Así, pues, deseo nuevamente, en este sueño, el título de profesor. Incluso este «después de largos años» es una realización de deseos, pues indica que viviré lo suficiente para guiar a mis hijos a través de los escollos de la pubertad.

El sueño del examen

Todo aquel que ha terminado con el examen de grado sus estudios de bachiller puede testimoniar de la tenacidad con que le persigue el sueño de angustia de que va a ser suspendido y tendrá que repetir el curso, etcétera. Para el poseedor de un título académico se sustituye este sueño típico por el de que tiene que presentarse al examen de doctorado, sueño durante el cual se objeta en vano que hace ya muchos años que obtuvo el deseado título y se halla ejerciendo la profesión correspondiente. En estos sueños es el recuerdo de los castigos que en nuestra infancia merecieron nuestras faltas lo que revive en nosotros y viene a enlazarse a los dos puntos culminantes de nuestros estudios, al *dies irae, dies illa* de los rigurosos exámenes. El *miedo de examen* de los neuróticos halla también un incremento en la citada angustia infantil. Terminados nuestros estudios, no es ya de nuestros padres, preceptores o maestros, de quienes hemos de esperar el castigo a nuestras faltas, sino de la inexorable concatenación causal de la vida, la cual toma a su cargo continuar nuestra educación, y entonces es cuando soñamos con los exámenes —¿y quién no ha dudado de su éxito?— siempre que tememos que algo nos salga mal en castigo a no haber obrado bien o no haber puesto los medios suficientes para la consecución de un fin deseado; esto es, siempre que sentimos pesar sobre nosotros una responsabilidad.

A una interesante observación de un colega, conocedor de estas cuestiones, debo un más amplio esclarecimiento de tales sueños, pues me llamó la atención sobre el hecho, por él comprobado, de que el sueño de tener que doctorarse nuevamente era siempre soñado por personas que habían salido triunfantes de dicho examen y nunca por aquellas otras que en él habían sido suspendidas. Estos sueños de angustia, que suelen presentarse cuando al día siguiente ha de resolverse algo importante para nosotros, habrían, pues, buscado en el pretérito una ocasión en que la angustia se demostró injustificada y quedó contradicha por el éxito. Tendríamos aquí un singular ejemplo de interpretación errónea del contenido onírico por instancia despierta. La objeción interpretada como rebelión contra el sueño: «Pero ¡si ya tengo el título!», etc., sería, en realidad, un aliento proporcionado por el mismo: «No temas; recuerda el miedo que sentiste antes del examen de doctorado y recuerda que nada malo te pasó. Hoy tienes ya tu título», etc. Resulta, pues, que la angustia que atribuíamos al sueño procedía de los restos diurnos. Esta explicación se ha demostrado cierta en todos los sueños de este género, propios y ajenos, que he podido investigar. La medicina legal, asignatura en la que fui suspendido, no me ha ocupado jamás en sueños, mientras que muchas veces he soñado examinarme de Botánica, Zoología y Química, disciplinas en las que mi miedo al examen estaba muy justificado, pero que aprobé por especial favor del Destino o del examinador. Entre las asignaturas de segunda enseñanza escogen siempre mis sueños la Historia, disciplina en la que rayé a una gran altura, pero sólo porque mi amable profesor se dio cuenta de que al devolverle el programa había hecho con la uña una señal, junto a la segunda pregunta, para advertirle que no insistiera mucho sobre ella. Uno de mis pacientes, que aprobó el examen de doctorado y fue luego suspendido en la Academia Militar, me ha confirmado que sueña muchas veces con el primer examen y jamás con el último.

 Los sueños de examen presentan, para la interpretación, aquella dificultad que antes señalamos, como características de los sueños típicos. El material de asociaciones que el sujeto pone a nuestra disposición rara vez resulta suficiente, y de este modo, sólo por la reunión y comparación de numerosos ejemplos nos es posible llegar a la inteligencia de estos sueños. Recientemente experimenté en un análisis la segura impresión de que la frase «Pero ¡si ya eres doctor!», etc., no se limita a encubrir una intención alentadora, sino que entraña también un reproche: «Tienes ya muchos años y has avanzado mucho en la vida; mas, a pesar de ello, sigues haciendo *bobadas y niñerías.*» El contenido latente de esos sueños correspondería, pues, a una mezcla de autocrítica y aliento, y siendo así, no podremos extrañarnos de que el reproche de seguir cometiendo «bobadas» y «niñerías» se refiera, en los ejemplos últimamente analizados, a la repetición de actos sexuales, contra los que hay algo que se opone en nosotros.

III

SUEÑOS, VISIONES, ENSUEÑOS Y APARICIONES

> *Difundirá Dios su espíritu divino entre sus hijos; los niños hablarán con voz profética, los jóvenes tendrán visiones y los ancianos ensueños.*
> (Joel, II 28.)

Sueño y *ensueño*, he aquí dos palabras que en algunos casos tomamos en nuestra lengua como sinónimas, para expresar un estado particular que goza de ciertos caracteres de vigilia y de descanso. Según la etimología, el ensueño se acerca más a la vigilia, y el sueño corresponde más particularmente al descanso; empero, admitidas por el uso como sinónimas ambas voces, daremos igual interpretación a una y otra.

El cerebro es el punto donde tienen su asiento las facultades intelectuales y por lo mismo es el manantial de los sueños. Este órgano, en estado de completa salud, engendra, si lícito es valerse de esta expresión, los ensueños, a los que dan margen ya las imágenes que durante la vigilia le han impresionado, ya las sensaciones producidas por la natural o accidental afección en los nervios o ya por el carácter mismo del temperamento.

Cuando dormimos, en nuestra mente se producen un sinfín de fenómenos de los que no somos conscientes, y sólo en ocasiones al despertar recordamos algo de esos sueños. Nuestro cuerpo descansa, pero nuestra mente no, y es posible que alguien se llegue a preguntar: ¿para qué y por qué soñamos? La respuesta más lógica encontrada por los expertos es: porque lo necesitamos, aunque el significado de los sueños nos tenga inquietos a todos ante la dificultad de saberlos interpretar con claridad absoluta; aunque hoy en día los investigadores se acercan cada vez más y proporcionan respuestas que las podíamos considerar importantes.

—Sólo cuando se pueda descifrar nuestro sueño, podremos llegar a conocer en profundidad nuestro ser.

El sueño

Fisiológicamente, el sueño es el estado periódico en que el organismo interrumpe su actividad nerviosa. Este fenómeno se manifiesta de forma característica en los vertebrados superiores y en el hombre, dotado de un sistema nervioso central; biológicamente significa un predominio temporal en el organismo de los procesos de restauración y la creación de las condiciones idóneas para el reposo de los elementos nerviosos, que con su actividad mantienen el cuerpo en estado de vigilia. Por tanto, el sueño es primordialmente un factor de adaptación, que previene el agotamiento de toda la actividad del sistema nervioso y realiza las condiciones idóneas para la restauración del organismo.

El mecanismo del sueño

La ciencia médica ha basado su estudio sobre el sueño siempre en observaciones clínicas y anatomopatológicas de personas con lesiones en determinados segmentos del neuroeje, que le ha proporcionado importantes contribuciones al estudio del mecanismo del sueño y la vigilia. Desde hace ya bastante tiempo la ciencia da por hecho que las alteraciones del sueño, como insomnio, somnolencia, letargia, etc., aparecen con frecuencia en los enfermos de encefalitis epidémica o de tumores de tronco cerebral, cuando están interesadas algunas zonas del diencéfalo y de la sustancia gris central del tronco cerebral.

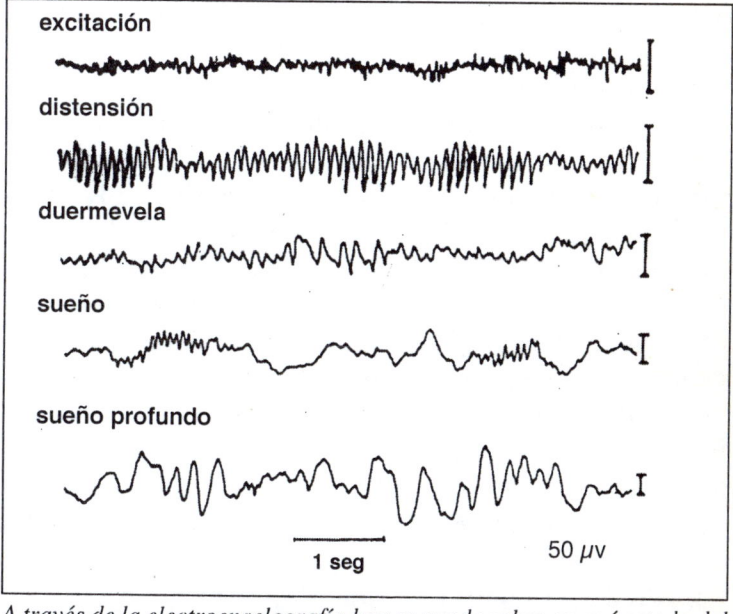

A través de la electroencelografía hoy se puede saber en qué estado del sueño nos encontramos.

Walter Rudolf Hess, famoso neurólogo y psicólogo suizo, dio a estas observaciones una confirmación experimental a través de trabajos llevados a cabo por él, que consistían en estimular en animales despiertos algunos núcleos diencefálicos, mediante la inserción de electrodos especiales, provocando la aparición del sueño; es así como se fue desarrollando, sobre la base de observaciones clínicas y experimentales, una teoría que localiza a nivel de determinadas estructuras subcorticales, sobre todo diencefálicas, unos centros hipnógenos cuya actividad provocaría el sueño. Según esta teoría, el sueño sería un fenómeno activo, es decir debido a la activación de determinados mecanismos nerviosos hipnógenos; antes de que fuese elaborada esta teoría, el fisiólogo y médico ruso Iván Petróvich, Pávlov, había ya sostenido que el sueño debía ser considerado un fenómeno activo; basándose en numerosos experimentos y estudios sobre los reflejos condicionados y el proceso de la inhibición interna, se formuló en el laboratorio de Pávlov la teoría del sueño activo cortical, según la cual el sueño sería debido a una inhibición originada a nivel cortical y difundida a toda la corteza de los hemisferios y a los centros subcorticales. Sus trabajos han ejercido una profunda influencia en la psicofisiología y en la psicología experimental de la que se le considera uno de los fundadores. Su descubrimiento de los reflejos condicionados, y de su naturaleza y funcionamiento, ha orientado todas las investigaciones sobre el aprendizaje. Vio en ciertos reflejos una de las manifestaciones de la actividad nerviosa superior, que él identificó con la función psicológica; consideró el método experimental como el único método de aproximación válido (Premio Nobel de Fisiología y Medicina, 1904).

Si bien la teoría cortical es la más idónea para explicar todas las formas de sueño que presentan un carácter condicionado, es decir un manifiesto carácter cortical, no parece capaz de proporcionar una interpretación plausible de otros fenómenos del sueño. Así, por ejemplo, son conocidas las observaciones de Strümpell referentes a un enfermo que tenía lesionadas todas las vías de la percepción sensorial a excepción de un ojo, y al que le bastaba cerrar este único ojo normal para dormirse inmediatamente. Análogas observaciones se han realizado en perros a los que se destruyeron los receptores visuales, auditivos y olfatorios, y que estaban casi constantemente dormidos; sólo se despertaban por efecto del hambre, o de estímulos originados en el recto o en la vejiga urinaria (Galkin).

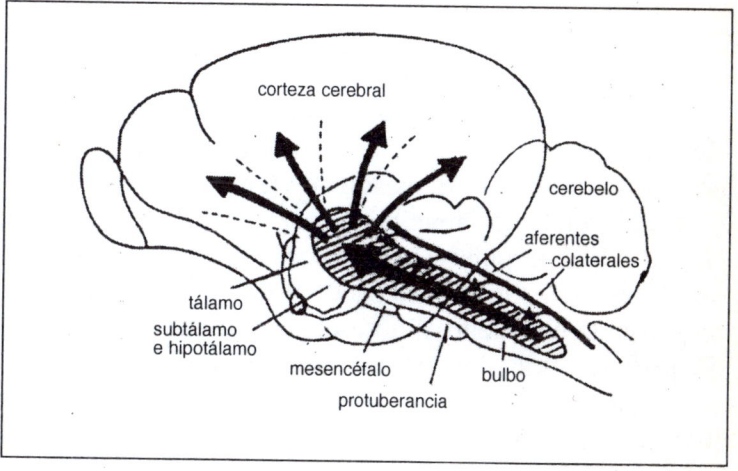

Sistema reticular activador ascendente del tronco del encéfalo. Las aferencias que llegan a través de las vías colaterales de la sensibilidad (flechas delgadas) a la formación reticular troncoencefálica (área rayada) excitan a esta última, la cual activa de forma difusa la corteza cerebral determinando el estado de vigilia.

A partir de estas observaciones se fue abriendo camino la hipótesis de que el sueño podía ser un fenómeno pasivo, debido a un proceso de desaferenciación, es decir, a la disminución o a la supresión de gran parte o de todas las aferencias sensoriales, con la consiguiente disminución del tono de la corteza cerebral. Esta teoría de la desaferenciación se apoya, además, en otros importantes resultados experimentales, especialmente en los de Bremer. Éste provocó en un animal de experimentación la aparición del cuadro característico del sueño mediante la sección del tronco del encéfalo a nivel de la parte superior del mesencéfalo (*cerveau isolé*), interrumpiendo de este modo todas las aferencias dirigidas al diencéfalo y a la corteza cerebral, excepto las visuales y olfatorias.

Esta teoría experimentó un ulterior desarrollo como consecuencia de los estudios sobre la fisiología de la formación reticular del tronco encefálico y, especialmente, a raíz de las investigaciones de Magoun y Moruzzi (1949), según las cuales es posible provocar, mediante la estimulación eléctrica de esta estructura, la reacción electroencefalográfica del despertar. El estado de vigilia sería mantenido, más que por las aferencias sensoriales originadas en la periferia, por impulsos ascendentes emanados de la sustancia reticular y dirigidos a la corteza; su suspensión sería responsable del sueño. Esto está confirmado por el hecho de que la destrucción de determinadas zonas de la formación reticular provoca un sueño sin despertar (Lindsley, Bowden y Magoun, 1949).

En investigaciones más recientes, existirían a nivel de la parte más caudal del tronco encefálico, ciertas estructuras que al ser estimuladas provocarían el cuadro del sueño, acompañado de modificaciones características del electroencefalograma (sincronización). Se ha supuesto que estas estructuras sincronizantes podrían provocar el sueño a través de una inhibición de la sustancia reticular activadora. De este modo, el sueño podría ser considerado como un fenómeno activo y pasivo al mismo tiempo.

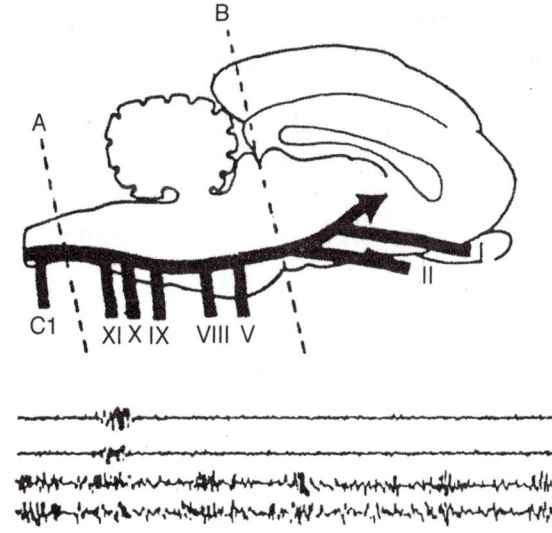

Parte superior*: representación esquemática de los preparados* encéphale isolé *(A) y* cerveau isolé *(B). Los impulsos centrípetos conducidos por las vías de la sensibilidad están representados por la línea negra gruesa.*
Parte inferior*: actividad eléctrica cerebral derivada de los preparados (A) y (B) (de Moruzzi, Rossi y Zanchetti).*

Terapéutica por el sueño

El concepto de la función protectora de la inhibición por el sueño ha inducido a utilizarlo, con éxito, en el tratamiento de una serie de enfermedades funcionales del sistema nervioso. Con este fin se utilizan tanto el sueño natural como el provocado por medicamentos.

La cura de sueño se efectúa siguiendo varios métodos: 1) La llamada terapéutica sedante (calmante), en la cual se administran al individuo pequeñas dosis de somnífero con el fin de lograr una acción calmante y normalizar el sueño; 2) la terapéutica con el sueño prolongado durante varias horas (hasta 10-14 horas al día); para lograrlo se usan dosis mayores de somnífero; 3) el tratamiento con sueño prolongado durante 15-18 horas al día. Se ha comprobado que para la cura de sueño se puede utilizar también el sueño reflejo condicionado, sustituyendo periódicamente los somníferos por sustancias indiferentes, adecuadamente preparadas. En un tratamiento de este tipo disminuye notablemente el cúmulo en el organismo de sustancias somníferas tóxicas.

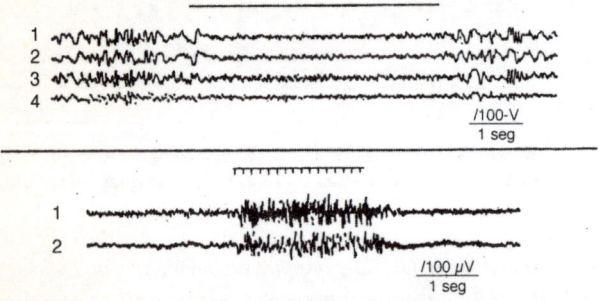

Parte superior: Modificación (desincronización) de la actividad eléctrica de la corteza cerebral estimulando la formación reticular del tronco encefálico en un animal anestesiado. El período de estímulo está indicado por la línea horizontal negra. Trazados registrados en: área sensitivomotora izquierda (1); área sensitivomotora derecha (2); circunvolución cruzada (3); circunvolución inversa (4).
Parte inferior: Modificaciones de la actividad eléctrica de la corteza cerebral cuando se estimulan las estructuras del tronco encéfalico que provocan el sueño (Fovale y Rossi, 1961). La duración del estímulo está indicada por la línea horizontal. Durante la estimulación aparece el cuadro electroencefalográfico del sueño. Derivaciones: Región frontoparietal derecha (1); frontoparietal izquierda (2).

En estos últimos tiempos se va difundiendo cada vez más la terapéutica con electrosonido. Este método se basa en la acción de una serie de leves impulsos de corriente eléctrica sobre el sistema nervioso.

Los mejores resultados de la cura de **sueño se obtienen** en el tratamiento de ciertas formas de astenia, **de algunos fenómenos que acompañan el** *shock* **nervioso y de disfunciones** que aparecen sobre la base de estados **emotivos negativos** prolongados (modificaciones funcionales en **caso de úlcera** gastroduodenal, de hipertensión, etc.).

La psicología de los sueños

Si el sueño es la necesidad que tenemos los **seres vivos** para dormir, descansar y recuperar energía, los **sueños son el** producto de la actividad del psiquismo mientras **dormimos**; en la vigilia la corteza cerebral (parte inteligente **o pensante** del cerebro, cuya actividad es esencial para la **conciencia de** la realidad y del sueño) somete a un primer **análisis la** corriente de impulsos que le llegan desde los órganos receptores; refiere la experiencia del presente a la memoria del pasado y proyecta el pasado y el presente en el futuro, valorando las consecuencias de una determinada acción; emite, pues, una decisión integrada que se manifiesta por una acción muscular o por la inhibición deliberada de esa misma acción.

Durante los sueños tiene lugar una actividad cerebral parecida, pero a un nivel más bajo; el análisis de los acontecimientos es escaso y lacunar; en los sueños, por ejemplo, se reconoce al amigo muerto pero no sorprende su presencia, la memoria está llena de lagunas y el pasado es examinado confusamente, de forma superficial. Por este motivo la integración cortical es incompleta y los actos de los sueños son a menudo absurdos o incluso antisociales; por fortuna, los impulsos derivados de la corteza no se transmiten a los órganos efectores y los sueños no se realizan.

El individuo que sueña es consciente de sus sueños, pero inconsciente del mundo que le rodea.

Las experiencias alucinatorias de los sueños, con su contenido fantástico, han proporcionado desde los tiempos más remotos material para la superstición y la literatura; el significado premonitorio o profético que la tradición, popular o culta, atribuye a los sueños, no necesita ejemplos.

Frente a la problemática de los sueños, la ciencia ha seguido clásicamente dos orientaciones en su investigación, cada una de las cuales se sirve de métodos peculiares; así, la actividad onírica puede interesar como fenómeno fisiológico, y en este caso la investigación intenta limitarse dentro de lo posible a métodos objetivos, propios de la neurofisiología, prescindiendo del contenido de los sueños (los resultados más sugestivos en este campo sólo se han conseguido en los últimos lustros), o bien el objeto de estudio puede ser el contenido de los sueños, en un intento de lograr a través de ellos una vía para el estudio de la personalidad humana; la investigación psicológica, y sobre todo la psicoanalítica, ha aportado en los últimos 50 años importantes contribuciones a este campo.

El interés de Freud por los sueños fue estimulado al principio por las numerosas y sugestivas analogías que advirtió entre los sueños y las descompensaciones psicológicas de todo tipo que se observaban durante la vigilia en individuos con trastornos mentales. Descubrió que los sueños, como otros fenómenos psíquicos que iba estudiando y que hasta entonces habían sido olvidados por la investigación científica (*lapsus*, actos fallidos, etc.), tenían un significado demostrable mediante una investigación y un estudio realizados con los mismos procedimientos aplicados a las fantasías y a los síntomas manifestados por individuos que sufrían diversas neurosis.

Además, Freud descubrió que los sueños, al igual que las alucinaciones psicopáticas, los *lapsus*, los actos fallidos, etc., tenían un origen común en el mundo del inconsciente.

Partiendo de esta premisa, Freud se dedicó al estudio de la psicodinámica de los sueños, es decir, al estudio de los mecanismos psíquicos que presiden su elaboración. Descubrió que el contenido manifiesto de los sueños, es decir los sueños tal como se presentan a nuestra memoria al despertar, y tal como los narramos, son el producto de una transformación, realizada por la conciencia durante el sueño, de un conjunto de ideas, sentimientos, impulsos, recuerdos, experiencias pasadas y conflictos, a veces presentes en la conciencia pero a veces inconscientes, los cuales constituyen lo que llamó el contenido latente de los sueños.

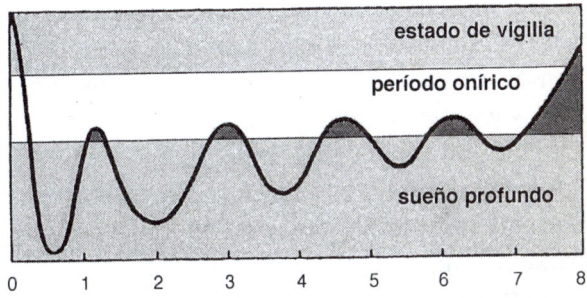

Episodios oníricos durante un sueño normal de ocho horas. Los episodios oníricos son más largos y más cercanos entre sí a medida que el individuo se aproxima al despertar.

Este trabajo de transformación y traducción ha sido llamado por Freud trabajo onírico. Freud consiguió descubrir las estructuras y los mecanismos psíquicos a través de los cuales se realiza la transposición del significado latente de los sueños a su significado manifiesto. La estructura psíquica que predomina en el trabajo onírico es la censura; a ella corresponde la tarea de supervisión en la transformación en contenido manifiesto del contenido latente de los sueños, filtrando, enmascarando y atenuando el material de contenido emotivo demasiado crudo y penoso (es decir, rechazado por la conciencia del durmiente) que, al aparecer sin modificación en los sueños, habría tenido el efecto de perturbar el sueño. La censura onírica elabora la materia prima en que se originan los sueños (generalmente impresiones del día, los llamados restos diurnos, que han sido capaces de desatar en el individuo resonancias asociativas y emocionales profundas, es decir, de enlazar con experiencias, conflictos e ideas más o menos sepultados en el inconsciente), poniendo en funcionamiento una serie de mecanismos: los más importantes son la representación mediante símbolos, la proyección, el desplazamiento, etcétera.

Queda aún por citar el efecto de los estímulos externos o internos en el contenido de los sueños.

La opinión predominante en la época prepsicoanalítica fue que los sueños eran suscitados por estos estímulos y no tenían ningún sentido por sí mismos.

Tras los estudios de Freud (e incluso, antes, los de Maury), se realizaron numerosas experiencias para establecer el papel efectivo que desempeñan estos estímulos; así, se ha visto que en lugar de provocar los sueños o determinar su contenido, son incorporados a menudo en los acontecimientos oníricos o utilizados (directamente o por asonancia, asociación, etc.) en la escena que se va representando, de forma semejante a como los residuos diurnos son capaces de encontrar una resonancia en los pensamientos oníricos latentes.

Sueños y ensueños

Dos palabras sinónimas que sirven para expresar nuestro estado corporal, ya sea de vigilia o de descanso.

Según su significado, en el ensueño estamos más cerca de la vigilia, de semiconsciencia, sin llegar a la ausencia total del cuerpo.

El sueño corresponde particularmente al descanso total, al abandono del cuerpo y acceso del semiconsciente al cerebro.

El cerebro humano es el punto donde se asientan las facultades intelectuales de cada persona, y es, por tanto, también el manantial de los sueños. En estado completo de buena salud, este órgano engendra los sueños, que en principio son aquellas imágenes que durante la vigilia han impresionado, ya fueran sensaciones que se produjeron por la natural o accidental afección en nuestros nervios, o tal vez por el mismo carácter de nuestro temperamento.

Un descubrimiento importe ha sido el llevado a cabo en junio de 1953 en el Laboratorio de Psicofisiología de la Universidad de Chicago por el profesor Nathaniel Kleitman con sus ayudantes, sobre el sueño de una mujer que duerme plácidamente; en la larga banda de papel salido de la máquina encefalográfica, una serie de gráficos en forma de mesetas alternadas por hondas y depresiones marcadas con abundantes marcas rojas y anotaciones precipitadas. El profesor Kleitman y su equipo han realizado un descubrimiento importante.

Durante el sueño de una persona pueden citarse dos fases:

1. Durante el sueño hay un período que puede durar hasta una hora y media en el que el cerebro de la persona parece inactivo totalmente.
2. Entre medias a este período, unos misteriosos intervalos que pueden llegar a durar hasta una hora; en este período los ojos del que duerme comenzaron a moverse con gran actividad, como un espectador siguiendo fijamente una agitada escenografía.

Si el que sueña se despierta en este segundo período, recordará perfectamente lo que estaba soñando, ya que la actividad ocular corresponde a la motricidad de las ideas.

Su conclusión fue que si un durmiente en este período ve en su estado onírico circular un automóvil a toda velocidad, sus ojos seguirán la trayectoria como si ésta fuera real. Antes de nuestra era electrónica, este descubrimiento no podía haberse llevado a cabo; al rápido movimiento ocular de nuestros párpados se le denominó R.E.M. (Rapid eye movement). Colocando unos electrodos alrededor de la cuenca orbital, como hizo Kleitman, registran mediante un amplificador transistorizado paramétrico esta actividad dinámica.

Fue así como se desvelaron algunos enigmas que enmascaraban nuestra actividad durante el sueño.

Hoy se sabe que todos soñamos, aunque no recordemos nuestros episodios oníricos, acompañándonos en esta actividad cerebral algunos mamíferos y aves, que presentan fases R.E.M.

Ejemplos comunes de sueños

En las personas de aspecto pletórico, un poco hipertensas y fácilmente irritables, son las llamadas sanguíneos, sus sueños más comunes son:

> Los festines
> Las diversiones
> Los jardines
> Las flores

En general todos los placeres que les proporcionen un estado de bienestar.

En las personas belicosas, con tendencia a la agresividad y a la pendencia, sus sueños comunes suelen ser:

> Las riñas
> Los combates
> Las desgracias

Todo aquello que va con su estado emocional.

En las personas melancólicas, propensas a la tristeza y la nostalgia, los sueños que más se les repiten son:

> La tiniebla
> Los paseos nocturnos
> Los fantasmas
> La muerte

Al vivir con un sentimiento de dolor moral, caracterizado quizá por la inhibición de sus funciones psicomotoras, tienen muy presente siempre en su sueño el deseo de la muerte.

En las personas flemáticas, aquellas que suelen ser generalmente tardonas, lentas, serenas e impasibles, sus sueños más comunes son:

> El mar
> La navegación
> Los ríos
> Los naufragios

Por lo general aquellos en los que se sientan transportados como en un vaivén.

A todos estos durmientes si se les despierta fuera del segundo período, no recordarán nada en absoluto de lo que han visto y oído en el transcurso de sus vivencias oníricas; así se ha llegado a la conclusión, por los expertos del tema, de que el sueño se ha revelado como necesario para nuestro organismo, informándonos acerca de los estratos más profundos de nuestra personalidad. El aquel llamado «baúl de los recuerdos», que denominamos inconsciente.

En aquellas personas con temperamentos mixtos, ya sean:

> Pletórico-melancólico
> Pletórico-flemático
> Belicoso-melancólico

Se suele mezclar también en sus sueños todo lo propio de ambos temperamentos, llegando sus sueños a ser muy dispares, ya que los contenidos psíquicos asemejan cosas muy dispares; un conglomerado de cerezas entrelazadas entre sí, vivencias infantiles, recuerdos de aquellos inquietantes días de exámenes, el fallecimiento repentino de algún buen amigo por accidente injustificado, el primer baile con la chica que más adelante se convirtió en su esposa, son secuencias de datos que se quedaron prendidos en algún lugar ignoto de nuestro sistema nervioso central.

Los pueblos antiguos tenían mucho que ver con la interpretación de los sueños.

En la mitología encontramos pasajes de interpretación de los sueños, como el caso de *Trofonio*, hijo de *Apolo*, cuyo oráculo se consultaba en una cueva donde veía y oía en sueños todo cuanto se deseaba saber; de tal modo se le denominó el *Antro de Trofonio*, el cual debe su celeridad a la suerte de la adivinación.

La práctica de la *Onciromancia*, llevada a cabo por los egipcios, caldeos, árabes, persas, griegos y romanos, se conocía y practicaba por entonces, y podríamos decir que a gran escala; sin embargo, aunque todos estos pueblos practicaban este mismo arte de interpretar los sueños, es con el pueblo egipcio con el que nos debemos sentir deudores de su más sabia y exacta interpretación.

Los sabios egipcios se valían de tablillas sagradas para las predestinaciones, que aunque sólo tuviesen datos equivocados eran capaces de adivinar los futuros acontecimientos venideros, ¡con cuánta más razón, que con esperanza debían lisonjearse de conocerlos, cuando los sueños precedían a sus investigaciones; poderosos agentes, capaces de auxiliarse en el desarrollo de las fases que resultaba de las tablillas del destino!

Fue tan importante la autoridad que adquirieron estas revelaciones del porvenir entre los egipcios, que una de las funciones más importante de los magos era la de explicar el significado de los sueños.

Jannés y Membrés

Entre los egipcios, los sacerdotes, sabia sociedad encargada de conservar y ampliar los humanos conocimientos, dividían el sacerdocio en dos jefes que denominaban:

JANNÉS Y MEMBRÉS

Lo que significa explicador y permutador o, lo que es lo mismo, el que efectúa los prodigios.

Los Jannés y Membrés notaban sus interpretaciones, descubrimientos y milagros, y la interrumpida serie de estas memorias formaban un solo cuerpo de ciencia y de doctrina, donde los sacerdotes egipcios basaban sus conocimientos físicos y morales; observando también bajo estos principios el curso de los astros, las inundaciones del Nilo, los fenómenos, etc.

No dejaban los reyes de llamar a su lado a dichos sacerdotes, con el objeto de que los auxiliaran con sus consejos; así la historia nos enseña que el faraón reunió a los magos con el objeto de interpretar un sueño, cuya gloria sólo obtuvo el patriarca José.

Por entonces se distinguían cinco especies de sueños a adivinar, que eran:

> Sueños
> Visión
> Oráculo
> Ensueño
> Aparición

Sueños: Eran aquellos que bajo cierta indirecta imagen se manifiesta la verdad de algún suceso a acontecer.
Visión: Si vuelto ya a la vigilia de la vida se le reaparece lo mismo que durante el sueño.
Oráculo: Era aquella revelación o advertencia que se recibía en el transcurso de la noche.
Ensueño: Si aparecía en la noche produciéndose lo que en el transcurso del día atraía particularmente la atención.
Aparición: Una visión nocturna y quimérica, que la experimentaban principalmente los infantes y los ancianos, y que los griegos llamaban fantasmas.

Hoy en día, se estima que de estas cinco clases de sueños, las cuatro primeras tienen algo de verídico; pero la última es totalmente engañosa.

Interpretar un sueño hoy

Para hablar generalizando, con el fin de que un sueño pueda ser interpretado hoy con exactitud, es preciso que éste se haya tenido al amanecer, o en aquel período de la noche en que ya están disipadas las emanaciones digestivas, y por tanto no pueden obrar sobre el cerebro; que este sueño no haya sido promovido por excesos o emociones de cualquier clase que sean, y que se recuerde perfecta y minuciosamente al despertar.

Según Sigmund Freud, los contenidos psíquicos de los sueños no son meras asociaciones de datos fríamente engranados en el cerebro, como las palabras impresas en un libro, sino que poseen un carácter dinámico, una carga emocional, una energía interna que provoca tensiones entre ellos mismos e incluso llegan muchas veces al extremo de activar nuestros sistemas muscular y endocrino (hormonal). Los recuerdos se somatizan, modulan nuestra conducta.

Aunque la personalidad de un hombre es semejante a un océano profundo en donde las distintas especies de peces representarían los exóticos contenidos psíquicos; así, aquellos peces que se mantengan en aguas superficiales, puede aflorar fácilmente, serían el preconsciente de cada individuo, y aquellos que se hunden en la profundidad con gran dificultad para emerger a la superficie simbolizarían al inconsciente.

Aún hoy en día nadie, por experto que fuera, ha podido ofrecer una explicación más coherente acerca de dónde puede hallarse escondido dentro de nuestro cerebro toda esa información almacenada, desde aquellos episodios infantiles que están olvidados, anidan también en esas oscuras aguas los impulsos reprimidos y más salvajes del ser humano.

Cómo influye la educación recibida

Las viejas barreras de la educación que cada uno hemos recibido también actúan en los profundos estratos de nuestro cerebro; en nuestra etapa infantil, las reprimendas que nuestros padres nos dieron, al igual que los recuerdos de castigos infringidos hacia nuestra persona y tantas normas morales que nos atemorizaron tanto de pequeños, han formado en nuestro interior el superego, que, al igual que un dique de una presa llena de agua, contiene la fuerte presión de salvajes y extrañas formas, que sólo obedecen a los principios de placeres más insólitos.

El deseo de asesinar a un ser querido, la aspiración de pasearse desnudo delante de multitudes o el deseo de violar a su propia hermana, puede latir dentro del cerebro del señor más respetable, aunque quizá él nunca lo sepa, ya que conforme se vaya despertando en el pequeño egoísta que fue, la moral y los sentimientos del altruismo, donde su yo secundario se oponga al primario cortándolo, entonces en su férreo aparato del superego quedará obstruido cualquier pensamiento sin manifestarse libremente.

Aunque hoy en día la escuela psicoanalítica sostiene que esos instintos son con frecuencia recuerdos que pueden lograr traspasar los obstáculos enmascarándose, lo que le hace irreconocible y difícilmente se puede interpretar; esto es lo que constituye la esencia del sueño.

El significado de no poder moverse, muy frecuente en el sueño y tan cercano a la angustia: queremos andar, y permanecemos como clavados en un sitio; queremos hacer algo, y continuamente se nos pone obstáculos delante; un tren se nos va, conforme llegamos a él, echa a andar y se nos escapa, no podemos alcanzarlo; intentamos levantar la mano para vengar una ofensa hecha a nuestra persona y no lo logramos... Todo esto son sensaciones atribuidas a los sueños exhibicionistas.

Otro sueño común que suele aparecer frecuentemente en la mente de estas personas es la aparición de damas vestidas de negro, cabeza de equino decapitada; son símbolos, disfraces de oculto deseo, el que *superyó* no haya permitido que aflorara con toda franqueza; es seguro que la dama vestida de negro represente un salvaje deseo de muerte para algún miembro de la familia. Si psicoanalizamos a estas personas que tienen estos sueños, hayaremos que por lo general todas ellas, por los mismos núcleos psicopatógenos, tienen un componente sexual, reflejando gran parte de sus sueños, brutales instintos libidinosos, deseos sexuales reprimidos e insatisfechos.

La imposibilidad de realizar algo no siempre aparece en el sueño como sensación; también aparece como parte del contenido manifiesto, pudiendo la comunicación de un ejemplo de este género esclarecer el proceso onírico discutido.

Representaciones simbólicas en el sueño

Está demostrado que hay vivencias oníricas que no disfrazan ningún deseo oculto, ni deseo libidinoso, y sí representan, por el contrario, con todo realismo aquello que pretendían expresar. El sueño utiliza este símbolo para representar sus ideas latentes; entre los símbolos utilizados hay muchos que entrañan siempre o casi siempre el mismo significado, y por tanto deben ser interpretados en el mismo sentido, y no simbólicamente. También puede suceder que, basándose en un material mnemónico especial, se niegue a una persona el derecho de utilizar como símbolo sexual algo que no sirve para tal empleo.

Muchas personas desarrollan, cuando duermen, frecuentes episodios eróticos; en ellos satisface todos sus instintos primarios sin ningún pudor.

Pero cabe esperar que muchos deseos no sexuales igualmente se manifiesten con la misma veracidad, y sin ninguna tapadera; por tanto, debemos reconocer que no todos los sueños ocultan sádicos instintos criminales ni deseos de castración.

El significado de algunos símbolos que aquí expondremos son así:

El emperador y la emperatriz, o el rey y la reina, casi siempre representan a los padres del sujeto, que queda a su vez este mismo simbolizado por el príncipe o princesa; igualmente de relevante personalidad, tiene el mismo significado que el emperador o rey.

Cualquier objeto alargado, como bastón, tronco de un árbol, sombrilla, paraguas, lanza, espada, armas largas y agudas, cuchillo, puñal, pica, etc., representa al órgano genital masculino.

La lima de las uñas, los estuches, cajas, cajones, las estufas, las cuevas, los barcos y cualquier recipiente, corresponden al cuerpo femenino.

Soñar con habitaciones suele ser por lo general más sueño de mujeres que de hombres, teniendo gran importancia para la descripción del sueño que durante éste la puerta aparezca abierta o cerrada. Un sueño en el que el sujeto se encuentra huyendo por habitaciones, representa que éste está en un burdel o un harén, pero que no está satisfecho.

Si se sueña con dos habitaciones, que antes eran una sola, o una que se divide en dos, una habitación bien conocida, o a la inversa, que no se conoce; este sueño encierra una interesante relación con la investigación sexual infantil, que durante un período de la infancia el niño se halla confundido entre ano y vulva, creyendo que el órgano genital femenino es el ano; más adelante descubrirá que estos órganos del cuerpo comprenden dos cavidades distintas y orificios separados. También el subir y bajar escalones, escalas y escaleras, es otra representación simbólica del acto sexual.

El extenso empleo de símbolos en los sueños que representa la sexualidad infantil, en el sueño del niño, nos lleva a plantearnos el interrogante siguiente: si tales símbolos no deberían interpretarse de la misma forma, lo cual nos llevaría a componer una nueva clave de los sueños. Pero tropezamos con un pequeño problema: no todos los símbolos pertenecen en exclusiva al sueño, ya que en muchos casos son característicos de representaciones inconscientes, especialmente los populares, que se nos muestran en todo nuestro entorno social que vivimos, como los mitos famosos, el folclore, las fábulas, los modismos, los proverbios y los chistes corrientes de un pueblo, es mucho más amplio y más completo que los sueños. Para dedicar a los símbolos la atención y la importancia que merecen, hemos de discutir primero los numerosos problemas inherentes a su concepto, no resuelto aún en parte; tendremos que traspasar considerablemente el tema de la interpretación onírica y limitarnos a indicar que la representación simbólica es sin duda una representación indirecta, que no nos presenta con muchos indicios, que nos advierte que no es conveniente incluirla dentro de las demás representaciones de este género sin diferenciarla previamente, basándonos en la clara inteligencia de aquellas peculiaridades que se nos puede insinuar en ella.

Es posible que en la mayoría de los casos descubramos a simple vista la relación que pueda existir entre el símbolo y el elemento que representa; otros, sin embargo, mantienen tan oculta esta relación, que resulta difícil y enigmático elegir el símbolo. Sin embargo, estos últimos son los que tienen que esclarecer el sentido de la relación simbólica, ya que indica que la misma puede ser de naturaleza genesíaca, presentándose como un frondoso bosque exótico con representaciones unas veces trágicas, y otras cómicas y disparatadas, expresándonos unas veces con sencillas escenas infantiles lo que queremos y deseamos, otras veces enreda de una forma casi imposible de descifrar motivos y viejos episodios ya vividos; todos aquellos que se nos presentan en la actualidad entrelazados por una relación simbólica que probablemente en épocas primitivas se hallaba unida por una identidad de concepto y de expresión verbal.

Los contenidos psíquicos en nuestro inconsciente se mezclan desordenadamente como las piezas de un rompecabezas; es por eso que la relación simbólica se nos presenta como resto y signo de antigua identidad; nuestra mente puede entretenerse encajando piezas lúdicamente, caprichosamente, dándonos como resultado ese enredado engendro que tantos quebraderos de cabeza nos da, y no por ello carece de poesía y mágico encanto, viéndose cómo la comunidad del símbolo traspasa en muchos casos la comunidad del idioma, afirmación ésta hecha por Schubert en 1814. Los estímulos internos y externos también condicionan y modulan esos sueños, como apuntaba Monry, «cuando plácidamente estamos reposando en la almohada, si alguien nos sopla suavemente el rostro, nos veremos luchando contra una fuerte ventolera en medio de un descampado»; si un niño se orina en la cama, sentirá cómo, mientras retoza en la playa, las olas acarician sus pies.

Por tanto no todos los sueños pueden considerarse como significativos y simbólicos; sólo aquellos que se repiten con frecuencia, o todas las noches, lo que hace que pueda ser síntoma de alguna neurosis, que enmascara algún contenido psíquico que se esfuerza por aflorar.

Una persona puede elegir entre varios símbolos para representar cierto contenido, puede decirse por aquel que le aporte además relaciones objetivas con su restante material ideológico permitiéndole, por tanto, una motivación individual además de la típica.

Indiscutiblemente en las modernas investigaciones sobre los sueños se ha probado la existencia de símbolos en los sueños; nadie lo puede negar hoy en día, pero sí se reconoce que esta circunstancia dificulta en sumo grado la interpretación, donde la técnica interpretadora basada en la asociación libre de sujeto hoy se demuestra ineficaz para la solución de los elementos simbólicos que se manifiestan. Razones de crítica científica impiden que el interpretador vuelva a emplear técnicas antiguas, pues los elementos simbólicos del sueño obligan a emplear una técnica combinada, que por un lado se apoye en las asociaciones del sujeto y se complete, por otro lado, con el conocimiento que el interpretador posee del simbolismo; actuando con gran prudencia crítica en la solución de los símbolos, y con un cuidadoso estudio de los mismos en ejemplos de sueños, en particular los transparentes te ayudarán a eludir todo reproche de arbitrariedad en la interpretación.

Soñar que trepamos por paredes o muros lisos, las fachadas de las casas por donde nos descolgamos en ocasiones con intensa sensación de angustia, corresponde al cuerpo humano de pie, y reproduce probablemente en el sueño el recuerdo de cuando de pequeño trepábamos por las piernas de nuestros padres. Los muros lisos son hombres; en la angustia que sentimos soñando, nos agarramos a veces a los salientes de las casas descendiendo por la fachada; la mesa preparada para comer y la tabla simbolizan también a la mujer, tal vez por la antítesis de su lisura con las redondeces del cuerpo femenino; la madera es en general, correlativamente con sus relaciones lingüísticas, una representante de la materia femenina. La mesa y la cama es lo que constituye objetivamente el matrimonio; en ocasiones reemplaza en sueños, la mesa a la cama quedando sustituidas, en lo posible, las representaciones del complejo sexual por las del complejo de alimentación.

Con frecuencia entre las prendas de vestir se interpreta el sombrero femenino como un símbolo seguro de los genitales masculinos. También algunas prendas de vestir tienen el mismo significado, como es el caso de la corbata, que en los sueños de los hombres la encontramos en ocasiones como símbolo del pene, no sólo por el hecho de que cuelga delante, y ser característicamente una prenda de hombre, sino porque se puede elegir a capricho, cosa que la naturaleza no nos permite hacer con el miembro que simboliza. Toda persona que emplea este símbolo en sus sueños da gran importancia a esta prenda en su vestido hasta el extremo de poseer una verdadera colección de ellas. Con toda probabilidad toda la complicada maquinaria y aparatos de los sueños son genitales, y casi siempre por lo general masculinos, cuya descripción muestra un simbolismo onírico de inagotable riqueza como ingeniosos chistes; así pues las armas y herramientas más diversas, arados, martillos, pistolas, revólveres, puñales, sables, etc. se emplean también como símbolos del miembro masculino; lo mismo ocurre con muchos de los paisajes que vemos en sueños, en particular aquellos que muestran puentes o montañas cubiertas de bosques, se reconocen fácilmente como descripciones de los órganos genitales como se demostró en el experimento llevado a cabo por Marcinowski, el cual consistió en hacer dibujar a varias personas los paisajes y locales que habían visto en sueños; con estos dibujos, demostró la diferencia que existe entre el significado manifiesto y el latente durante el sueño; abreviados los dibujos a primera vista, sus significados no fueron de suma importancia, ya que sólo asemejaban efectos planos, cartas geográficas, etc.; luego cuando los examinaron atentamente, revelaban representaciones del cuerpo humano, de los genitales, etc.; cuando se llegó a descubrir el significado, fue cuando se conoció inteligentemente el sueño correspondiente.

Otra clase de sueño que todavía guarda su incógnita, es el sueño en color, del cual aún no se tiene una idea clara de cómo poder justificarlo, ya que por lo general cuesta trabajo recordar a la mañana siguiente si lo que se ve en sueño era de colores naturales o era en blanco y gris, si tenían olores los manjares que se aparecían, si se podían tocar para comerlos y si estaban fríos o calientes; los oniromantes no se ponen de acuerdo a la hora de poder justificar esta clase de sueño, ya que algunos sueños se presentan con una realidad tan palpable que les hacen dudar si el individuo estaba despierto o en fase de ensoñación, y sin embargo otros sueños aparecen en otras personas tan incorpóreos y nebulosos sin que haya argumento de interés alguno.

Un ejemplo de sueño que puede ser delicioso para un oniromante consumado o algún principiante psicoanalista:

«Me veía correr delante de un toro negro por encima de una ladera en un frondoso bosque. Un poco más arriba estaba una pradera con multitud de gente pasando un día de campo; quería pedir socorro pero mi garganta quedó muda, no había forma de poder gritar, sólo podía correr, tampoco podía socorrer a una mujer que estaba desnuda y al parecer muerta en la zanja de la ladera; así que desperté con una gran agitación en la respiración.»

Si este sueño se le da a varios intérpretes es posible que cada uno de ellos tuviera una interpretación diferente:

Así por ejemplo simbolizaría que el toro es el padre del individuo, y la mujer muerta es la madre, que recibe castigo del marido, y el no poder pedir ayuda a gritos es la impotencia de no poder hacer nada por su madre ante la corpulencia del padre.

Si un sueño presenta neologismos que no se comprenden, se tiene que pensar en una fusión de elementos de significado sexual; así en las costumbres corrientes de las personas, tanto en mujeres como hombres, se le suele dar al órgano sexual el cariñoso apelativo de mi pequeño, nos da que los niños (los pequeños) constituyen por lo general un símbolo de los órganos genitales. Así, soñar jugar con un niño o pegarlo... suelen ser representaciones oníricas de masturbación, y por el contrario, la calvicie, cortarse el pelo, la caída o la extracción de una muela, etc., se utiliza para representar simbólicamente la castración; así es que cuando aparece en sueños uno de los usuales símbolos del pene con claridad ha de interpretarse como una prevención contra la castración; como la imagen en sueños de una lagartija que se le corta el rabo. En la mitología, y en el folclore, ya empleaban una serie de animales como símbolos de los órganos genitales; también en los sueños representa el mismo papel: así el pez, el caracol, el gato, el ratón y la serpiente, principalmente, simbolizan al miembro viril. Scherner en 1861 daba un gran valor a las funciones orgánicas y consideraba que éstas daban lugar a simbolizaciones muy extrañas; para él, un fuerte dolor de cabeza se podía reflejar luego en sueños como el sentirse caminar por un lóbrego y húmedo pasillo cuyo techo está completamente cubierto de telarañas; y el vientre se puede representar como una inmunda caverna encharcada de pestilentes aguas verdosas; Scherner aclara en su famoso libro *La vida de los sueños* que un patio grande, alargado y defendido por viejos edificios, representa a la vagina de la mujer, o el tramo que va del recto al ano.

Otra representación simbólica muy frecuente en la mujer es la de hallarse invadida por insectos, parásitos; es muy fácil de interpretar, ya que esto es símbolo del embarazo.

Steckel cita en sus estudios, acompañándolo de ejemplos, toda una serie de todos los símbolos, en parte no contrastados aún suficientemente. Los trabajos de este autor, y en particular su libro *El lenguaje de los sueños*, contienen una riquísima colección de soluciones de símbolos, muchas de las cuales han sido agudamente adivinadas y han demostrado luego ser exactas. Así, las contenidas en el capítulo sobre el simbolismo de la muerte. Pero la defectuosa crítica del autor y su tendencia a generalizar a toda costa hacen que otras de sus interpretaciones sean dudosas o francamente inaprovechables, de suerte que es necesario recomendar la mayor prudencia en la aceptación de sus conclusiones. Resaltamos aquí un limitado número de ejemplos.

Derecha e izquierda deben ser siempre interpretadas, (según Steckel) en un sentido ético. El camino de la derecha (el camino derecho) significa siempre el camino de la rectitud, y, en cambio, el izquierdo, el del delito. De este modo puede el segundo representar la homosexualidad, el incesto y la perversión, y el primero, el matrimonio y el comercio sexual con una mujer, etc. Todo esto considerado siempre desde el punto de vista moral individual del soñador. Los *parientes*, en general, desempeñan casi siempre en el sueño el papel de genitales con respecto al hijo, a la hija y a la hermana menor, o sea dentro del sector de aplicación del pequeño; las hermanas son símbolo de los senos, y los hermanos, el de otros hemisferios más voluminosos.

El no alcanzar un coche que parte sin nosotros es interpretado por Steckel como representación del sentimiento que el sujeto experimenta ante la diferencia de su edad con la de una persona deseada. El equipaje con el que viajamos es la carga de pecados que nos abruma. Pero precisamente esta imagen se demuestra también, con frecuencia, como un innegable símbolo de los propios genitales. Steckel ha atribuido, asimismo, significaciones simbólicas fijas a los números que a veces surgen en nuestros sueños; pero estas interpretaciones no nos parecen ni muy seguras ni de una validez general, aunque tengan que ser reconocidas como verosímiles en muchos casos. Sin embargo, el número tres es un comprobado símbolo de los genitales masculinos. Una de las generalizaciones establecidas por Steckel se refiere a la significación de doble sentido de los símbolos genitales. «¡Cuáles serán los símbolos que, por poco que la fantasía lo permita, no puedan ser empleados tanto en el sentido masculino como en el femenino!» La frase intercalada disminuye, desde luego, la seguridad de la afirmación, pues sucede precisamente que no siempre permite la fantasía tal empleo distinto, quedando rotundamente contradicha por la existencia de una gran diversidad. Además de aquellos símbolos que tan pronto representan los genitales masculinos como los femeninos, hay otros que corresponden predominantemente o casi de un modo exclusivo a un solo sexo, y otros de los que sólo es conocida la significación masculina o la femenina. La fantasía no permite, en efecto, el empleo de objetos y armas duros y alargados como símbolos de los genitales femeninos, ni el de objetos huecos (estuches, cajas, cajones, etcétera) como símbolos de los masculinos.

Es innegable que la tendencia del sueño y de las fantasías inconscientes a emplear bisexualmente los símbolos sexuales revela un rasgo arcaico, dado que la infancia desconoce la diferencia de los genitales y atribuye los mismos a ambos sexos.

Los genitales pueden también ser representados en el sueño por otras partes del cuerpo; el miembro viril por la mano o el pie, y el orificio genital femenino por la boca, el oído y hasta el ojo. Las secreciones del cuerpo humano (el moco, las lágrimas, la orina, el semen, etcétera) pueden sustituirse entre sí en el sueño.

La escuela freudiana, como era de suponer, trató de poner en orden esta función generadora de sueños que ejerce el inconsciente, ya que éste no se comporta como un niño de corta edad que sin ton ni son junta las piezas de un rompecabezas que constituyen los contenidos psíquicos que se conservan en lo más profundo de nuestra memoria; con este orden se consigue adivinar ciertas leyes de transformación, consiguiendo esclarecer los siguientes significados:

> Simbolización del sueño
> Desplazamiento
> Proyección
> Emociones reprimidas
> Condenación
> Sueños de autocastigo
> Sueños de angustia

Durante el sueño, el individuo cambia la parte anatómica de su persona, de objetos y de otras personas o seres que se le aparezcan en su período onírico, por imágenes inocentes que le recuerdan poéticamente o morfológicamente a la entidad que representa; como puede ser que: una cueva, una casa o caja le represente los órganos genitales femeninos; una serpiente, un bastón, etcétera, le simbolizarán con frecuencia el miembro viril masculino; éstos son los símbolos más comunes que aparecen mediante al sueño. Su inconsciente transfiere sus emociones desde el objeto que ama u odia a un sustituto extremo o a cualquier símbolo que le represente a aquél, dándole como resultado el ejemplo siguiente: la aparición en sueños de un ser querido como padre, hermano, amigo o tío puede ser sustituido por un cabo, un toro que se desconoce; también en los sentimientos de hostilidad contra los hermanos, que son originados frecuentemente en la infancia aflora en algún momento. Y así se produce que una joven que odiaba a su hermana en sueño, pero no en la realidad, soñó que apedreaba a un gato cuyo color del pelo presentaba un extraño tono malva; la extrañeza de este sueño le venía porque su hermana iba siempre vestida con trajes color lila, puede que fuera por uniforme.

Se produce así que al mecanismo de proyección se le confunde con el desplazamiento; en el mecanismo de proyección, nuestros propios deseos, instintos o impulsos, aberrantes o criminales, o que nosotros mismos juzgamos como inmorales, en sueños se lo atribuimos a otra persona extraña a nosotros mismos; así una persona con tendencia sexual hacia personas de su sexo soñará que cada vez que ve un homosexual, se burla de él; otro arde en deseos de ser infiel a su esposa aunque se reprime, sueña que es ella quien se acuesta con un amante. Esta labor de condensación del sueño se hace más evidente que nunca cuando toma como objetos palabras y nombres que son con frecuencia tratados por el sueño como si fueran cosas que no debemos llevar a cabo, aunque lo deseemos con toda nuestra alma; nuestro inconsciente se defiende ante esta efectividad interna (amor, odio, miedo o deseos incontrolados) negándolo en el curso del sueño o atendiéndole asépticamente.

Un dependiente de un comercio que siente un deseo incontenible de asesinar a su jefe que le infringe tratos muy despectivos, soñó que al acudir a una comida donde fue invitado le tocó estar sentado al lado de éste; en el transcurso de toda la comida sintió una afectada indiferencia por su persona, lo que le hizo acrecentar más su deseo de acabar con él. Es curioso cómo un proceso tiende a integrar en el curso de un sueño varias tendencias, deseos y actitudes más o menos inconscientes en un solo símbolo o imagen. Un niño dormido en el sueño ve cómo se le acerca un enorme gigante con una horrible cara, vestido con ropa de hombre, pero que tenía también un enorme busto. Sentía su proximidad cada vez más cerca y veía en su cara que tenía la intención de asesinarle. Su inconsciencia condensa en un solo símbolo a su padre, a su madre y los impulsos propios salvajes, que él los considera como sus enemigos. Las condensaciones de cosas son el resultado de estos sueños de singularísimas y, a veces, cómicas escenas.

En los sueños de autocastigo, el durmiente logra que sus deseos salvajes e inmorales de alguna manera se expresen, imaginando para ello escenas oníricas de castigo. Un joven sueña que ve cómo dos guardias llevan a un sujeto que portaba en sus manos un gran catafalco (palabra italiana que designa el palco cubierto de tela negra sobre el que se dispone el féretro de personas célebres) y sobre su cuello prendía la corbata de su padre; lo metieron en una especie de estadio, donde miles de personas ven cómo lo despojan de sus ropas, atándolo a un poste y azotándolo con un látigo durante largo tiempo. En este sueño se ve cómo el deseo del joven por la muerte de su padre lo desplaza con la imagen del desconocido que yace en el féretro; aunque expía su culpa con la humillación de los azotes; ve también que porta su catafalco, con lo que tiene que adornar el féretro, por lo que su subconsciente considera que él se debe de sentir culpable para que lo castiguen.

Otros sueños que con frecuencia acompañan a los sujetos son los sueños de angustias, si el desplazamiento, la proyección o la condensación no ejercen a través de las simbolizaciones su cometido; las pesadillas y los terrores tanto de mayores como infantiles expresan una liberación de ansiedad; si nuestros deseos no se disfrazan a través de estas funciones de desplazamiento, proyección o condensación, porque no realizan bien su papel, entonces en el sueño aparece la ansiedad y el terror, nuestro despertar es de horror al ver cómo cuatro individuos, o más, con cabeza de reptil llevan el cadáver casi corrompido de algún ser querido; provoca en el sujeto una gran angustia, sintiéndose liberado en el despertar.

Los trabajos de Sigmund Freud aportaron gran ayuda para la interpretación de los sueños por muy complicados que éstos fueran, al considerar que cierto número de símbolos universales se podía descifrar con facilidad, ya que todos tenían que ver con el subconsciente infantil; por ejemplo: tener un sueño con lluvias torrenciales, ver manantiales, puede simbolizar varias cosas, tales como un coito, el semen en la eyaculación; inclusive romper aguas en un parto.

Soñar con frutos jugosos, como la manzana, la pera, el quivi, el melocotón, simboliza la imagen de las nalgas y los senos femeninos. También proyecta el ferviente deseo de sodomización.

Soñar con una serie de elementos, como son paraguas cerrados, llaves, cualquier objeto punzante, puñales, monolitos, lanzas, columnas, peces, antenas, serpientes, palos, agujas, etc., siempre es un símbolo universal del órgano masculino, y por consiguiente del cuerpo del hombre; así, si una mujer sueña que ve cómo un guerrero se le viene encima con una lanza, lo que en sí ve es la imagen del coito.

Si la mujer sueña con prendas de vestir exteriores femeninas, como abrigos y sombreros, también representa los genitales masculinos y el deseo de sentirse poseída.

Soñar con máquinas complicadas, se conozcan o no, siempre representará la complejidad que tiene el cuerpo humano.

Una representación onírica en la que el sujeto se ve trepando y descolgándose por paredes o muros lisos, con intensa sensación de ansiedad, siempre simboliza recuerdos de la infancia, de cuando jugábamos con nuestros padres, nos subíamos y bajábamos trepando por las piernas.

Los sueños en los que se retienen visiones de edificación, según sean estos edificios, simbolizará una cosa u otra, así que si son paredes angulosas y rectas y sombrías, es una representación del cuerpo masculino; si, por el contrario, se trata de edificios con estructura barroca, con muchas ornamentaciones y muchos balcones que sobresalen, es símbolo del cuerpo femenino. También los barcos, las habitaciones, la mesa para la comida... son símbolos del cuerpo femenino.

El símbolo del acto sexual se suele reflejar en cualquier objeto que nos dispongamos a encajar en otro segundo cuerpo, ya sea con abertura o cóncavo; así, introducir el pie en el zapato, la llave en la cerradura, el cubo en el pozo, llenar una botella a mano, un gusano que se introduce en el queso, etcétera, todo simbolizará el acto sexual.

Los insectos, arañas y sabandijas, así como cualquier animal que nos produzca cierto asco o desprecio, pueden simbolizar en algunos sueños a parientes por los que no sentimos cariño, sino más bien desprecio.

Los genitales femeninos, a la vez que el cuerpo de la mujer, están simbolizados en una serie de elementos y animales tan dispares como pueden ser: túneles, estufas, cajas, calderos, estuches, casas, el número tres, objetos convexos, colinas, caracoles, cualquier vulva o molusco o una concha de caracol, son símbolos de la vagina; pero un caracol vivo fuera de la concha también puede representar al pene.

El símbolo de la muerte en sueños puede venir a través de un viaje de algún conocido que parte y ves cómo se pierde en la lejanía; una cabalgadura, la despedida de familiares y amigos que parten en tren o coche, todo lo que en sí significa una partida de los seres queridos.

La aparición en sueños de vestimentas raras, extrañas y exóticas con símbolos de desnudez; sentirse extrañamente vestido en lugar fuera de ambiente por la ropa, en ocasiones es la imagen de sentirse desnudo. La masturbación tanto femenina como masculina se enmascara a menudo entre los juegos con niños pequeños, en especial si en la escena de juego se azota al pequeño; otro símbolo también de masturbación puede ser el de ir quitando todas las hojas y ramas de un árbol pequeño.

Un acto sexual sadomasoquista se refleja a través de símbolo como atropellar un coche, un camión, un carro de mulo, etcétera, todo puede interpretarse como la imagen de un coito, felación, cunnilingus o sadomasoquista.

El simbolismo de la castración es atribuido a los dentistas en el momento de la extracción de una muela, a la peluquería cuando te cortan en pelo, la calvicie, incluso la decapitación.

IV

EL SUEÑO
Y EL SUBCONSCIENTE

El cerebro humano recibe información y la almacena desde antes de nacer, formando su personalidad desde el claustro materno.

La fuente de un sueño puede ser:

1. Un suceso reciente y psíquicamente importante, representado directamente en el sueño.
2. Varios sucesos recientes e importantes, que el sueño reúne en una unidad.
3. Uno o varios sucesos recientes e importantes, representados en el contenido manifiesto por la mención de un suceso contemporáneo, pero diferente.
4. Un suceso interior importante (recuerdo, proceso mental) representado siempre en el sueño por la mención de una impresión reciente, pero diferente.

Hoy en día ya se conoce, con una exactitud que podríamos decir que ronda la perfección, cómo funciona el cerebro humano; su complejidad es tan perfecta que es capaz de recibir, elaborar y almacenar ideas y sensaciones con una perfección aún mayor que el más perfecto de los ordenadores. Se conocen también, a través de canales de información, los estímulos del mundo externo, y los que proporciona el propio organismo se trasladan a la mente del sujeto. Pero ignoramos por qué, cuando dormimos y no somos conscientes, nuestro cerebro de alguna manera permanece alerta, recibiendo información que se traduce en forma de sueños; es ahí donde entra en funcionamiento el apasionante mundo del subconsciente, parte de suma importancia de la personalidad de cada uno de nosotros.

En el contenido manifiesto de cada sueño hay siempre un elemento que se repite, el cual no es otro que una impresión del día anterior destinada a manifestarse, que puede pertenecer al acervo de representaciones del verdadero estímulo del sueño, como parte esencial o nimia del mismo, o proceder del círculo de ideas de una impresión indiferente, enlazado con el estímulo onírico por alguna relación más o menos numerosa.

Fue Sigmund Freud quien en la última década del siglo XIX centró todo su interés en el problema de la neurosis de la persona. Entre sus colegas europeos se interpretaba este cuadro de síntomas psicológicos como una mera simulación: una genuina pantomima. Para la mayoría de los doctores, los gritos de una persona histérica, la parálisis que aquejaba a ciertos enfermos que no acusaban ningún signo clínico de perturbación orgánica, como tumores, lesión medular, etcétera, sólo eran subterfugios de unas mentes hábiles, proclives a solicitar la compasión de los demás y atraer la atención de sus cuidadores.

Sigmund Freud llegaba más allá de esta interpretación simplista, consideraba que ésta entraba en conflicto con determinados síntomas que ciertos enfermos histéricos presentaban. Difícil era comprender, en el siglo pasado, el embarazo psíquico en la mujer; nadie aceptaba creerse cómo una persona embarazada creía albergar en su vientre un feto, sin que ello fuera cierto y, aun así, provocarse hinchazón en su abdomen, que se consideraba fraude. Freud tras un largo período de estudio descubrió el proceso mental, o sea la psique; que cada persona actuaba de forma sorprendente sobre el organismo de cada sujeto.

Hoy resulta casi intolerable aceptar cómo pudo la clase médica pasada desestimar, o al menos no enfocar suficientemente, un problema que la moderna disciplina de la Psicosomática, que se estudia en todas las facultades del mundo, acepta sin restricciones: fenómeno éste que desde los albores de la humanidad todos los seres humanos habían venido observando; las reacciones emocionales y el curso de nuestros pensamientos, que notablemente influyen sobre nuestras funciones somáticas, dándose así que en una mujer que tenga un disgusto, más o menos fuerte, se le traduzca al día siguiente en trastorno menstrual; los problemas que por lo general suelen tener los hombres de empresa devienen en úlcera de estómago; el miedo, el terror, provoca con frecuencia la falta de control de esfínteres, a la que sigue una micción o defecación incontrolada.

Era en todos estos disturbios psicológicos donde Sigmund Freud ponía toda su atención, descubriendo que una fuerte carga emocional en la persona puede convertirse en el recuerdo de una vivencia traumática; la muerte accidental de un ser querido, la humillación sufrida por alguna joven sensible, la evocación de una catástrofe que conlleve secuelas de terror, la tortura a un ser humano, son fuentes de angustia en largas noches de insomnio donde aparecen esas escenas insoportables empeñándose en cruzar una y otra vez por la conciencia, que con el paso de los años conseguimos reprimirla y enterrarla para siempre.

La palabra y los símbolos pueden tener enorme influencia emocional en las personas; palabras tales como: prostituta, fascismo, judía, o tortura han provocado y pueden provocar en muchas mentes disturbios patológicos.

Sigmund Freud descubre también que la aparente multiplicidad de las condiciones del sueño depende únicamente de una alternativa, esto es, de que *haya tenido o no lugar un desplazamiento de la psique del sujeto*, alternativa que le permitió explicar los contrastes del fenómeno onírico con la misma facilidad que la teoría médica el progresivo despertar de las células cerebrales.

Pero Freud no se queda ahí, llega hasta el punto en que los mecanismos defensivos de los seres humanos consiguen desvanecer, en el campo de la conciencia, la fijación de escenas vividas que resultan insoportables; sabe que los recuerdos no se borran de la mente cual si fuera una escritura hecha con tiza sobre una pizarra; éstos permanecen archivados en nuestro cerebro en segundo plano, dispuestos a retornar algún día a un primer plano.

Hoy podemos comprender fácilmente esto, sólo conociendo unas pequeñas nociones básicas de lo que modernamente entendemos por:

Mente
Memoria
Recuerdos.

1. **La mente** es lo que más ha impresionado al hombre desde siempre: la disposición que tiene el hombre para pensar, ha hecho posible todos los adelantos sociales; la filosofía de Platón y Aristóteles identificaban a la mente con el alma; también antiguamente los ocultistas y religiones del lejano Oriente concebían que el hombre no sólo era poseedor de un alma, sino que dentro de él existía una frondosa pluralidad del alma, que unas, al igual que el cuerpo, se corrompían, pero

otras no; en nuestra era, Santo Tomás separa el cuerpo del pensamiento heleno, considerando que el alma intelecta no es causada a través de generación, ya que sus funciones son superiores a la capacidad de la materia.

Con el avance de la ciencia biológica, los expertos provocan un cambio espectacular de conceptos, de donde surgen las dos grandes escuelas modernas:

Dualismo
Monismo

El Dualismo mantiene la teoría, doctrina o punto de vista que defiende o explica la realidad, algún aspecto de la misma y hasta, en otro orden, los fundamentos de algo valiéndose de dos principios en sentido opuesto; en sentido estricto, es dualista sólo el sistema que propugna la explicación básica del universo, del orden real o ideal, de la ciencia y de la historia, por dos elementos o principios causales irreductibles.

El Monismo defiende que la realidad puede reducirse a un principio último y único (o espiritual) de carácter absoluto; reduce todo el problema del hombre a lo puramente material, como es el cerebro; no niega lo espiritual, sólo que le concede otro significado. Aunque en la actualidad, monistas y dualistas están de acuerdo en concebir que la mente es muy distinta del alma; pero exista o no el espíritu, los vialistas o mentalistas tienen razón en decir que no conviene confundir el proceso mental, ya que éste no es otra cosa distinta a la función del cerebro, con su principio vital o conciencia espiritual de cuya supervivencia le atribuyen todos los credos religiosos. Pero hay una confusión que aparece por la circunstancia de que el significado de la palabra «mente» es muy extensa, llegando inclusive a crear polémica de larga duración entre creadores que no se hayan puesto de acuerdo en qué entiende cada uno por este vocablo.

Definir la mente

Podríamos definir nuestra mente como el conjunto de todas las operaciones realizadas por nuestro cerebro durante toda nuestra vida; aunque nos cueste entenderlo, todas las ideas, todos los significados de las palabras y todos los símbolos que recibimos llegan a nuestro cerebro en forma de información, cabalgando sobre un haz de energía; esto es algo más que una simple metáfora; es como si todos los datos que nos ofrece todo lo que nos rodea vinieran a nosotros cabalgando como un jinete montado sobre el caballo de un tren de ondas. Cuando los estímulos portadores de esta información llegan a nuestro cuerpo, nuestro organismo se manifiesta como el ente más prodigioso del universo, poseedor de una serie de receptores nerviosos y órganos transductores que transforman la energía del estímulo en energía eléctrica; toda la información que se nos transmite desde el exterior al interior de nuestra fibra nerviosa es idéntica; una palabra que oigamos cabalga a través del aire sobre energía acústica; una vez traspasado nuestro órgano de Corti (traductor del oído), se convierte en potencial eléctrico; el mensaje es el mismo, pero es así como su zona en la corteza cerebral, al que se denomina lóbulo temporal. Hoy en día la teoría ha cambiado, a través de la moderna teoría de información ya nos dice que la palabra no sólo se transmite por el espacio, en una cabalgadura energética como es el estímulo, sino que ésta queda engranada en algún lugar del espacio donde haya materia por largo período de tiempo.

En la actualidad los seres humanos comprendemos y conocemos mejor la estructura del universo; sabemos que no sólo se compone por energía (radiaciones y movimiento) y materia (polvo cósmico y estrellas), sino por información viajera e información condensada. Ya no se concibe que el flujo energético de un rayo, de un haz de luz o de un haz de partículas lanzado a toda velocidad por el inmenso espacio galáctico, no lleve consigo un mensaje; tampoco nos podemos imaginar una concentración de masas —un cristal de diamante, una estrella o una galaxia, que no acumule por sí misma información en su interior—; es lo que se ha dado en llamar «el lenguaje de las cosas», pero, que sepamos, es en el cerebro humano donde existe la mayor densidad de información por unidad de volumen; un solo centímetro cúbico de nuestra corteza cerebral acumula una complicada y perfecta urdimbre de fibras nerviosas, que, por pequeñas que sean, no dejan de estar ordenadas, almacenando a su vez millones de datos. El microcosmos del encéfalo puede acumular mucha más información que una estrella y que cualquier computador electrónico, calculándose que la capacidad de información de un cerebro humano llega a alcanzar el valor de mil billones de bits (10^{15} bits) en el sistema binario de información. Ahora ya nos es fácil comprender mejor lo que se entiende por mente: la capacidad de recibir, interpretar, reelaborar, almacenar y recuperar los datos que nos proporcionan los estímulos que recibimos, externa o internamente de carácter sensorial.

2. **La memoria**; nuestro cerebro no sólo capta información por medio de neurosensores externos como la retina, el oído, el tacto o el olfato; los seres humanos poseemos también una serie de neurosensores en nuestro interior que recogen mensajes de nuestro propio medio interno, como cuando sentimos hambre, captamos el dolor punzante de una úlcera o notamos el movimiento de nuestros propios músculos o cómo se eleva la temperatura en nuestro cuerpo; todos estos datos son procesados y comparados con los miles de

estímulos que recibimos del lugar donde nos hallamos y las personas que nos hacen compañía; así es que una palabra escuchada, un recuerdo escondido en el profundo soliloquio del cerebro, es una información engranada, o sea: memorizada, pero aún desconocemos cuál es el código para engranar las ideas en nuestra corteza cerebral. En los estudios realizados, hoy en día nos permite determinar que son dos los tipos de memoria que existen; los recuerdos más recientes se engranarían como redes formadas por circuitos neuronales reverberantes, pares de células nerviosas que se excitan mutuamente como una pescadilla que se muerde la cola.

3. **Los recuerdos**; hasta el momento se desconoce qué moléculas orgánicas constituyen el alfabeto o código de letras que sirve para engranar a largo plazo los recuerdos, ya que cuando éste ha pasado un cierto tiempo en el interior de las células nerviosas, se producen cambios químicos; aunque la mayoría de los científicos psicofisiológicos aceptan como poderosas razones que las vivencias de nuestra infancia, todas las ideas que hemos recibido con la educación, las imágenes de nuestros seres queridos, la percepción de los aromas más gratos, las partituras musicales que más nos gustaron, están escritas en nuestra corteza cerebral con letras que probablemente estén formadas por moléculas de proteínas o aminoácidos. En nuestro cerebro se van modelando paso a paso, en el transcurso de los años, las imágenes del mundo que nos rodea, donde se incluyen también las percepciones de nuestro propio organismo; los episodios de nuestra vida, toda vivencia vivida, ya sea agradable o desagradable, impresiones que recibimos durante una

enfermedad, todo queda entramado con millones de imágenes e ideas captadas por nuestros órganos sensoriales. En el estudio de la historia matemática o esoterismo, a pesar de ser campos tan diversos, cuando se adquiere cierto conocimiento en ellos, se comprende cómo toda una vida de rica experiencia se queda engranada en el interior del cerebro a nivel químico-molecular, todo contenido psíquico, recuerdo y conocimientos, forma en nuestro cerebro una tupida urdimbre entretejida entre sí, de tal forma que unas vivencias se asocian a otras, como cuando recuerdas algo y te afloran a su vez otras imágenes asociadas a él; toda esa tupida red forma lo que se denomina nuestro Ego, nuestra personalidad, el yo.

También ocurre en ocasiones que la urdimbre se rompe y desglosa en dos redes con su contenido psíquico cada una; es lo que se ha dado en llamar disolución de personalidad. Esto suele ocurrir en algún estado alterado de conciencia, generada bien por hipnosis o mediumnidad, donde se puede llegar a la ruptura de nuestro yo. Hay muchos casos de doble *yo*; una persona vive en un período de tiempo uno de sus *egos*; al pasar este tiempo, y después de permutar una breve etapa, comienza una nueva vida sin recordar nada absolutamente de su personalidad anterior.

Las regiones de la memoria

La memoria cerebral presenta tres regiones ya definidas, que son:

>Consciente
>Símbolo
>Imágenes

En el consciente es donde se mezclan las ideas. Los símbolos son las cosas que vemos y percibimos.

Las imágenes, como los símbolos, las percibimos, las tocamos, las olemos, con todos los recuerdos frescos que evocamos; en el preconsciente se archiva y puede llevarse fácilmente la conciencia, los episodios recientes, símbolos y conceptos adquiridos o elaborados en un período reciente, por último el oscuro archivo donde guardamos las vivencias del pasado, sobre todo aquellas que nos causaron más dolor y traumatismo.

El elemento psíquico importante (el proceso mental o recuerdo) se puede sustituir en el sueño por un elemento reciente pero psíquicamente indiferente, siempre que en la sustitución se acaten dos condiciones:

1. Que el contenido del sueño sea puesto en relación con lo que el sujeto haya vivido recientemente.
2. Que ese estímulo onírico sea siempre un procedimiento psíquicamente importante.

En el primer párrafo de este capítulo se ubica la fuente del sueño en un solo caso, donde quedan cumplidas ambas condiciones por una misma impresión; reflexionemos además aquellas impresiones indiferentes que se utilizan para la elaboración del sueño, mientras conservan la propiedad de ser recientes pierden esta aptitud, en cuanto envejecen un solo día (o varios como máximo), nos hará decidir si en la actualidad cualquier cosa que nos impresione tiene un valor psíquico para la formación del sueño, valor que en cierto modo equivale al de los recuerdos o procesos mentales saturados afectados.

Las imágenes, los símbolos y las ideas se engranan en nuestras células cerebrales como focos de irradiación energética; cuando su carga emocional es muy intensa, los procesos orgánicos que disparan pueden acarrearnos consecuencias imprevisibles; así puede darse que el recuerdo de algún asunto familiar, más o menos desagradable, desencadene en un estado de gritos, sudoración, gesticulaciones de manos y cabeza. El hecho de que suceda durante la noche, y sin que nuestra conciencia lo advierta, puede tener efectos importantes, transformaciones de nuestro material de recuerdos y representaciones y, además, nos puede dar sueños cargados de negros presagios. El temor al posible presagio de ese sueño nos puede provocar trastornos intestinales, palidez, palpitaciones, etc.

Para llevar a cabo alguna operación que nos parezca de importancia, el consejo de «consultar con la almohada», como sabemos, supone dejar pasar una noche antes de tomar una decisión, ninguna importante en particular, pero que se ha llegado a justificar plenamente.

Observamos que con estas consideraciones hemos pasado de la psicología del sueño o la del estado de reposo. Sin embargo, hay una objeción que amenaza tirar por tierra todas estas conclusiones; si las impresiones indiferentes poseen acceso al contenido onírico sólo mientras son recientes, ¿cómo conseguimos hallar en ésta elementos antiguos de nuestra vida, que cuando fueron recientes no tuvieron ningún valor psíquico, según la opinión de Struempell, que debían hallarse olvidados desde mucho tiempo atrás, ya que no son recientes ni importantes psíquicamente? Esta objeción según Freud se salva con los resultados obtenidos en psicoanálisis de individuos neuróticos. La explicación es que el desplazamiento que sustituye el material psíquicamente importante por otro indiferente, tanto en sueños como en el pensamiento despierto, ya ha tenido efecto en estos casos, en tempranas épocas del individuo, habiéndose quedado fijo desde entonces en la memoria, elementos originalmente indiferentes no son ya desde que han adquirido, por desplazamiento, el ardor del material psíquicamente importante; aquellos que en realidad permanecieron indiferentes no se pueden reproducir en sueños; aunque ninguno de estos fenómenos tienen algún misterio hoy en día, basta con ponernos a pensar que toda la información que un computador contiene con una simple palabra en su programa es capaz de mover la máquina a la que esté incorporado, o inclusive controlar cualquier mecanismo por complicado que éste sea; en una simple y breve información se basa toda la moderna cibernética para tener la capacidad de regular, disparar o controlar procesos energéticos por potentes que sean.

Hoy, a los psiquiatras no les extraña que algunos enfermos esquizofrénicos estén largas horas moviendo los brazos o flexionando las piernas rítmicamente como si de un juguete de cuerda se tratara; saben que en un lugar del cerebro de estos enfermos catatónicos hay un programa que se reitera una y otra vez para estereotipar esa conducta.

Estímulo nervioso y estímulo corporal

El estímulo nervioso y el corporal, según la opinión de algunos expertos, son las fuentes somáticas de los sueños, o mejor dicho, las únicas fuentes oníricas. Otros expertos, sin embargo, tienen dudas referentes no tanto a la exactitud como a la suficiencia de la teoría de los estímulos somáticos, por seguros que se sintieran los representantes de esta teoría con respecto a los fundamentos efectivos de la misma, en particular en lo relativo a los estímulos nerviosos, accidentales y externos, fáciles de comprobar en el sueño.

Muchos investigadores se han conformado con hacer resaltar el sueño de estímulo nervioso, entre las demás formas oníricas, como una especie de sueño mejor y más completamente investigado, dividiendo los sueños en: sueños de estímulo nervioso y sueños de asociaciones; pero mientras no se consiguiera descubrir el lazo de unión entre las fuentes oníricas y somáticas y el contenido de representaciones del sueño, no puede considerarse satisfactoria esta solución.

Los representantes de esta teoría son deudores de dos importantes explicaciones:

1. ¿Por qué la verdadera naturaleza del estímulo exterior no es nunca reconocida sino regularmente equivocada en el sueño?
2. ¿Por qué el resultado de la reacción del alma a la percepción de este estímulo, cuya verdadera naturaleza no reconoce, puede ser tan indeterminablemente variable?

En respuesta a estos interrogantes, otros expertos mantienen que: no es el alma quien durante el estado de reposo se halla en situación de dar la exacta interpretación del estímulo sensorial objetivo, sino que se ve obligada a construir ilusiones sobre la base de la indeterminada excitación dada.

Otro aspecto del sueño, que desde muy antiguo ha llamado mucho la atención, es el fenómeno del sonambulismo. Desde siglos atrás se ha venido discutiendo acerca de si la conducta de los sonámbulos constituía un genuina enfermedad o quizá la expresión de una personalidad pletórica de energía nerviosa; la opinión más generalizada dentro del campo de la parapsicología es que el sonambulismo es una nota, o signo más característico de los médiums y sensitivos. Pero sea cual fuera el fenómeno del sonambulismo, hemos de reconocer lo impresionadísimos que quedaron nuestros ancestros ante la presencia de jóvenes que deambulaban por los pasillos oscuros en salto de cama; aquellos escalofriantes relatos que hacían las gentes acerca de niñas que se las veía caminar por encima de los tejados, y jóvenes que habían desaparecido en algunas salidas en noche tenebrosa, supongo que un escalofrío de emoción recorría las médulas de todas las buenas gentes.

Generalmente el sonambulismo se manifiesta mediante agitación muy fuerte durante el sueño, seguido de movimientos labiales; supuestamente la persona está dialogando con personajes imaginarios que seguramente visualiza en el sueño, canta, ríe, grita y solloza despavorido ante las angustiosas e insoportables visiones que tiene. Ésta es, por lo general, la forma más característica en el sonámbulo, aunque rara vez se ha producido en él el llamado automatismo comicial ambulante. Sí podemos decir que haya ocurrido, en ese caso, que las ideas que posee enterradas en el subconsciente se dinamicen en forma de complicados patrones de conducta. Es cuando en la noche el sonámbulo se levanta de la cama a deambular por toda la casa, y, a pesar de la oscuridad, sus pausados pasos no tropiezan ni una sola vez contra los muebles, puertas o tabiques.

Lo que demuestra que el cerebro humano memoriza perfectamente la topografía de los lugares donde vivimos y su entorno. Es seguro que si nos preguntaran despierto cuántos escalones tiene la escalera de nuestra casa no sabríamos contestar; sin embargo, en el curso de una regresión hipnótica el sonámbulo demuestra claramente que cualquier cifra, cualquier dato por minúsculo que sea en torno al perfil del hogar, el más mínimo obstáculo de la estancia donde se encuentre lo evoca con una exactitud sorprendente, aunque con movimientos similares a los autómatas. Parece como si una poderosa mano lo guiara, cosa que los espiritistas mantienen: que el sonámbulo va guiado por algún espíritu familiar desencarnado. Hay también varias leyendas legendarias acerca de las personas sonámbulas; siempre se ha tenido la creencia de que si se despierta a un sonámbulo mientras camina, podría fallecer; o que quien camina en realidad no es él; el noctámbulo es el genuino cuerpo astral del que duerme; que el sonámbulo puede andar por la cornisa del tejado, o sobre el elevado borde de una tapia, porque una fuerza invisible le protege. Lo cierto es que el único riesgo que se ha demostrado que tiene un sonámbulo cuando se le despierta bruscamente está en el traumático sobresalto que experimenta al verse en un lugar extraño desnudo o semidesnudo. También todos los relatos atribuidos acerca del sorprendente equilibrio que poseen tienen explicación: toda persona en estado de conciencia tiene vértigo al subirse en algunos lugares, porque tomamos conciencia del peligro que esto entraña; sin embargo, esto no ocurre con frecuencia en los casos de andar deambulando por ahí, ya que el sujeto, aparte de conocer a la perfección el camino por donde pisa, elimina también de su mente toda evocación acerca de los riesgos que entraña lo que está llevando a cabo. Algunos sonámbulos manifiestan en su deambular una sorprendente hiperestesia, se les ve con qué suavidad se deslizan sus pies.

Aunque todos soñemos, afortunadamente, no todos somos sonámbulos; hoy en día todavía se desconoce en qué estado de la evolución animal el homínido empezó a experimentar sensaciones de carácter onírico; en los hallazgos arqueológicos nada se ha podido descubrir acerca de si el hombre del neolítico tenía, o no, más desarrollados los mecanismos de percepción extrasensorial, como muchos parapsicólogos sostienen; lo que está demostrado es que la conducta del hombre del Neolítico con la del Homo sapiens de nuestros días respecto a los sueños no difiere en mayor parte.

Un pueblo que tan emocionalmente vivía los problemas sentimentales de la muerte en sus dimensiones religiosas, era el pueblo egipcio; de él nos llegan documentos arqueológicos sorprendentes, ya que necesariamente tuvieron que enfatizar el magno problema de los sueños. Una de las primeras interpretaciones de los egipcios consistía en que estaban convencidos de que sus dioses particulares se presentaban ante los mortales en el transcurso de las vivencias oníricas, sin evidencia alguna de que aceptasen la teoría hoy aceptada acerca del abandono momentáneo del alma mientras dormían. También se sabe, a través del llamado papiro de Chester Beatty, que los sacerdotes del Alto Egipto ya poseían un código con el que interpretar los sueños; dicho papiro fue localizado en Tebas y se conserva en la ciudad de Lourdes. En él se llega a conclusiones muy curiosas en cuanto al enmascaramiento del contenido oculto de los sueños; idea ésta recogida con bastante generosidad en los modernos psicoanálisis, y que además sirvió para la creación del diccionario de los sueños creado por los expertos; sueños como sentir que las posaderas del durmiente se encuentran desprotegidas ante algún peligro, significa que está próximo el fallecimiento de sus padres; soñar con cortar un tronco de árbol simboliza la victoria ante un enemigo y la destrucción de éste.

Los sueños de José después de dejar de ser esclavo bien quedan reflejados en la historia bíblica, ya que sus significados oníricos siempre tenían un significado profético. El famoso sueño de Stme Khamna, el gran sacerdote que padecía de frigidez sexual, según se cuenta fue la esposa quien sueña cómo remediar el mal de su esposo a través de la preparación de un afrodisíaco, cuya receta le fue revelada por los propios dioses, se la ofreció a su esposo, y éste después de tomarla yació con ella y tuvieron un hijo; es de suponer hasta qué punto los egipcios enfatizan y sacralizan el poder de los sueños. Una prueba palpable de ello es la existencia de la notable casta de Magos de los Arcanos, que inducían en el seno del templo de Menfis el sueño a sus parientes donde se adoraba la efigie de Imhotep, señor de las curaciones sagradas, usando para ello hierbas que sin duda alguna contenían estupefacientes o alcaloides hipnógenos.

El pueblo caldeo que habitaba en las riberas del río Éufrates fue el precursor de la magia; su cultura es la frontera existente entre el animismo, creencia donde se dice que al hombre le rodean todos los espíritus de las cosas visibles como el sol, los árboles, las montañas. Los magos caldeos crearon un complejo ceremonial con el que invocaban a esas fuerzas y luego las dominaban a su antojo; aunque el pueblo llano, sintiéndose sobrecogido ante esa pléyade de dioses y espíritus malignos en ocasiones, le otorgó un gran valor predictivo al significado de los sueños. Todo entraba dentro del rango de jerarquía a que se pertenece así que, cuando un rey tenía un sueño, eran los dioses quienes le presentaban sus consejos; sin embargo, los soldados y los vasallos tenían sueños sólo crípticos para los cuales eran los magos los encargados de descifrar aquellos episodios oníricos cargados de monstruos o elementos terroríficos, los cuales eran dignos de síntomas de enfermedad. Interpretar estos sueños para los magos suponía, según la creencia, que el mal podría huir del cuerpo, con lo que hay que reconocer que los caldeos se adelantaron muchos siglos a la moderna escuela psicoanalítica de hoy, aunque su técnica fuera más primitiva.

Hay textos tan importantes como los de Arsubanipal, que nos ofrecen algunas explicaciones tan sugestivas acerca de interpretaciones de algunos sueños como si un hombre se ve flotando en el vacío; sueño tan universal que es seguro que todos hemos experimentado alguna vez en la vida, y que significa que podemos quedar arruinados.

Entre el pueblo judío los sueños extraños que se tengan no tienen ningún significado, sólo son fruto de la enfermedad que se padezca, ya que para ellos, Jehová, si así lo quiere, podrá hablar con claridad en el estado que quiera a su pueblo. Sin embargo, el gentil Nabucodonosor sí podía tener revelaciones crípticas. Según el evangelio apócrifo de Nicodemo, en el que se hace hincapié en el sueño que tuvo la esposa de Pilatos, y que al día siguiente solicita su esposo que no condene a Jesús, diciendo: «Hoy he sufrido por este hombre muchas cosas en mi sueño»; los sacerdotes judíos acusaban a Jesús de conspirador contra la ley de Dios. La mujer de Pilatos relata el sueño contando todo lo que había visto y vivido mientras dormía; los sacerdotes cambiaron el significado del sueño diciendo: «Te decíamos mujer, que ese Jesús es un mago del mal; él es quien te ha provocado tu sueño», a lo que ya nada pudo hacer.

El sueño, doctrina o enfermedad

Entre los griegos sí se practicaba la cura por el sueño, llegando a poner el nombre de *incubación* a esta terapia. Para llevar a cabo la cura escogían grutas naturales o edificaban templos; según la historia, se supone que, como agente inductor, bien pudieron usar la forma de exhalar vapores mofíticos, que posiblemente fueran gases sulfurosos, o un elevado porcentaje del letal óxido de carbono, que también provoca alucinaciones; o bien suministraban pócimas de plantas que tuvieran algún principio hipnógeno y la interpretación de aquellas vivencias oníricas eran llevadas a cabo por el sacerdote de los oráculos; por extraña que fuera la vivencia que se padeciera, todo hombre y mujer acudía a esos lugares o centros de hipnoterapia para curar sus dolencias, que la más común por entonces era, la esterilidad, o frigidez sexual; según está descrito en los libros de la materia en sueños, el paciente veía las imágenes eróticas de un dios una y otra vez, que le seducía y realizaba el coito con él. El centro de Epidauro fue el más famoso de toda Grecia, en él ejercía también el más famoso médico griego llamado Esculapio, a quien muchos le atribuían ser una divinidad más. En el relato de Arístides, éste dice cómo en la incubación de Esculapio logró curarse de sus terribles males, ya que padecía síntomas de insomnio, exudación abundante, cólicos intestinales..., es seguro que todo esto fueran los clásicos síntomas de un cuadro neurótico, ya que es lo único que nos podemos suponer para aceptar la total remisión de su dolencia perfectamente como él la describe.

El célebre filósofo heleno Heráclito de Éfeso, a través de su sorprendente doctrina, fue calificado como filósofo tenebroso, ya que cuando hablaba siempre lo hacía empleando enigmas; pensaba que en el transcurso del sueño, todo hombre viajaba a aquel remoto lugar etéreo de donde procedía la raza humana; aunque sin maestro alguno, llegó a adquirir tanta sabiduría debido únicamente a sus profundas meditaciones. Treinta años más tarde Aristóteles, después de estudiar su doctrina, llegó a opinar lo contrario; con toda lógica expone un argumento genial contra todas las supersticiones presentes y futuras. Si los dioses quisieran comunicarse con los humanos lo harían a la luz del día, sabiendo elegir bien a los destinatarios de sus mensajes divinos. Aristóteles era poseedor de una clarísima inteligencia que le hacía comprender con gran facilidad las más difíciles cuestiones, llegando a ser considerado como genio extraordinario. El divino Platón, como así se le reconoció tras la sublimidad de su doctrina, llega aún más lejos que el mismo Sigmund Freud, en su brillante tesis sobre el inconsciente, como escribe en su famosa obra *La República*: «En todos los hombres existe una íntima naturaleza salvaje e irregulable que emerge en el proceso de los sueños.»

Platón admitía tres principios, a saber:

> *Dios, la materia y la idea.*
> *Dios, como inteligencia universal, la materia* como primer agente de la generación y de la corrupción; *la idea*, como sustancia incorpórea que reside en el entendimiento de Dios.

Reconocía, ciertamente, que el mundo era obra de un dios creador, pero con el nombre de creación no entendía una creación propiamente dicha, puesto que suponía que Dios solamente formó y construyó, por decirlo así, el mundo de una matera preexistente, que gozaba de eternidad, de manera que este dios creador, según él, es respecto del mundo que ha creado poniendo orden en el caos y dando forma a una materia prima, lo que son el arquitecto y los albañiles, que tallando y colocando, siguiendo cierto orden, los bloques de piedra que reciben en bruto forman con ellos una casa.

Se creyó durante mucho tiempo que Platón tuvo conocimiento del verdadero Dios, ya debido a las luces de su inteligencia, ya por lo que pudo aprender en los libros de los hebreos; mas hay que convenir que también figura entre el número de aquellos de quienes nos habla San Pablo, que, conociendo a Dios no le glorificaron como Dios, sino que se desviaron del verdadero camino a causa de la vanidad de su manera de pensar.

En efecto, en su *Epinomis* establece tres categorías de dioses: los dioses superiores, los inferiores y los que figuran entre los dos. Los superiores, según él, moran en el cielo, estando tan por encima de los hombres, tanto por la naturaleza que les es propia como por el lugar en que habitan, que los hombres no pueden tener relación alguna con ellos, de no ser por mediación de los dioses intermedios, que moran en el aire, a quienes da el nombre de demonios, que son una especie de ministros de los dioses superiores respecto de los hombres; ellos son los encargados de comunicar a los mortales las órdenes de los dioses, llevando a éstos las ofrendas y votos de aquéllos.

Estos dioses gobiernan el mundo, cada uno en su sección, presiden los oráculos y los presagios, siendo al mismo tiempo autores de todos los milagros que se hacen y de los prodigios que ocurren.

Parece que Platón imaginó esta segunda categoría de dioses basándose en lo que se dice en la Escritura sobre los ángeles, de cuyos libros tuvo cierto conocimiento.

También admite una tercera categoría de dioses, inferiores a la segunda, que sitúa en los ríos, contentándose con calificarlos de semidioses, considerando que tienen el poder de producir sueños y realizar otras maravillas como las de la categoría de los dioses intermedios.

Platón llega hasta pretender que en todos los elementos y todas las partes del universo residen estos semidioses que, según él, se dejan ver algunas veces, ocultándose prontamente a nuestra vista.

Es muy verosímil que los Silvanos, Salamandras, Ondinas y Gnomos de la cábala tengan en ello su origen.

También enseñaba Platón la metempsicosis, que aprendió de Pitágoras, dándole nueva forma a su manera, como puede observarse leyendo sus diálogos titulados *Fedro*, *Fedón*, *Timeo* y otros. Aunque este filósofo haya compuesto un hermoso diálogo sobre la inmortalidad del alma, sufrió grandes errores en esta materia: ya respecto de la sustancia del alma, que creía compuesta de dos partes, una espiritual y otra corporal; ya en lo referente a su origen, puesto que pretendía que las almas existían ya antes que los cuerpos y que provenían del cielo, del que descendían para animar sucesivamente diferentes cuerpos, retornando al cielo tras haber sido purificadas; de donde se deduce que al cabo de cierto tiempo, de un número de años, servían para animar diferentes cuerpos sucesivamente, de manera que ello no dejaba de ser un círculo continuo de mancillas y purificaciones, de ascensiones al cielo y descensos a la tierra, infundiéndose en el cuerpo que animaban. Además, como creía que estas almas no llegaban a olvidar por completo lo que habían experimentado en los otros cuerpos que habían animado anteriormente, pretendía que los conocimientos que adquirían eran más bien reminiscencias de lo que conocieron en tiempo pasado que conocimientos nuevos, fundando sobre dichas reminiscencias su dogma de la preexistencia de las almas.

Pero, sin extendernos más sobre las opiniones de este filósofo, que por cierto nos expuso de manera muy velada, nos contentaremos con afirmar que su doctrina se consideró tan nueva y elevada en muchos de sus puntos que mereció se le atribuyese en su época el nombre de *Divino*, considerándole después de su muerte casi como a un dios.

La fauna de la oniromancia griega se extiende hasta la antigua Roma que se hace poseedora de ella y nace la pasión por la interpretación de los sueños; así un sueño de Nerón llegado hasta nuestros días nos dice que su cuerpo aparece invadido por millones de hormigas y que su mujer lo encierra en una gruta tenebrosa. Calpurnia, cuarta mujer del César, sueña a su vez que su esposo va a ser apuñalado en la noche anterior a los acontecimientos. Aunque lo intentó, no consiguió impedir que el César se dirigiese al Senado el fatal día de los idus de marzo. Lo mismo que Platón, Cicerón también se preguntaba cómo era que los dioses no fueran más claros con los humanos, que hablaran a la cara en vez de hacerlo mientras dormimos. Petronio, que se adelantó en siglos a la teoría de los positivistas modernos, decía: «Ni los dioses ni las instancias divinas inducen nuestro sueño; cada uno de nosotros gestamos los sueños para nosotros mismos.» También Artemidoro de Crido, famoso biólogo y gramático griego de la época, fue quien escribió el más famoso libro acerca del arte de interpretar los sueños, denominado *Onirocrítica*; según la historia, Artimidoro supo la trama del asesinato del César, y según se cuenta envió un aviso para salvarlo de la muerte, el cual no llegó a tiempo. En su teoría sobre los sueños, Artimidoro se basaba precisamente en la simbolización. También Sigmund Freud en sus investigaciones dijo que es el durmiente quien establece sus propias asociaciones simbólicas. Artemidoro en su teoría desplaza la función simbolizadora al mago, o intérprete; así, soñar con un símbolo de desnudez, como bien pudiera ser que se nos cae el cabello, o que nos vemos en lugares concurridos desnudos, es signo de pobreza, pérdida de riqueza familiar o bienes sociales.

Las teorías orientales se basan en creer que nuestro yo astral abandona el cuerpo para hacer una larga peregrinación, vagando entre los hombres o en regiones del más allá hasta entrar en el cuerpo de una nueva criatura para cosechar allí el premio o el castigo que merezca por las buenas o malas acciones realizadas en la existencia que ha tocado su fin.

En el cristianismo, sólo se aceptaban aquellos sueños considerados como inspirados por Dios, no se podía considerar ningún episodio onírico que tuviese otro origen, lo que dio lugar a la gran confusión dentro de la comunidad cristiana, hasta tal punto que Quinto Séptimo Florente (Tertuliano), ilustre pensador latino cristiano, apologista de Cartago que vivió sobre 155-222, exageró la incompatibilidad de la religión cristiana y la filosofía clásica. El supremo criterio de la religión es la fe; el de la filosofía, la razón; al ser ambos criterios contrarios, apuntó la posibilidad de que el sueño fuera una forma de muerte temporal; sostuvo, igualmente, que todo lo real era corpóreo, como así lo describe en su obra *Apologético del alma*. La teología cristiana oficial no sabía cómo afrontar los problemas astrales; el hombre es la quintaesencia o microcosmos de las realidades y fuerza del mundo; todo procede de una primera sustancia misteriosa y los cuerpos sólo son envoltorios visibles de un invisible cuerpo astral animado.

En la época medieval, el esoterismo se adueña prácticamente en su totalidad de las mentes humanas, dando lugar a extrañas recetas para liberarse de los sueños satánicos, como la que damos a continuación:

Un azumbre de hierbabuena (aproximadamente 15 gramos) mezclarlo bien con la sangre de una paloma blanca; esconderlo durante dos días bajo el altar mayor de una iglesia donde esté puesto el Santísimo Sacramento; después de la fecha, cada noche frotarse la frente con la pasta a la vez que se recita la oración siguiente:

> *Señor: que el malo*
> *no visite mi corazón,*
> *ni mi hígado,*
> *ni mi cabeza,*
> *ni mis manos.*
> *Que el malo huya de mí.*
> *Amén.*

Cuando, por el contrario, sí se quiere que Satán aparezca en el curso del sueño para pactar con él, se tiene que colocar una rama de laurel bastante frondosa debajo de la cama y untarse los párpados con una mezcla preparada con la sangre de un murciélago y un poco de la planta alucinógena llamada nabo del diablo. La obra de Paracelso, lo mismo que su vida, es oscura: entre sus numerosos libros un lector puede adivinar un sistema que no está bien definido ni estructurado, aún hoy en día, e incluso contradictorio; de todas formas, expuso gran cantidad de conceptos interesantes de fisiología, patología y terapéutica humana.

Ya a mediados del siglo XIX, el fisiólogo francés François Magendie, profesor del Colegio de Francia, introdujo en medicina numerosos medicamentos; para él era dudoso que los sueños ocurran fuera de un estado mórbido; fue autor de notables trabajos acerca del sistema nervioso, mediante experiencias célebres, precisó los trayectos respectivos de los influjos sensitivos y motores en los nervios raquídeos, es autor de *Lecciones sobre los fenómenos físicos de la vida*.

En la actualidad un gran porcentaje del proceso fisiológico del sueño ya se ha desvelado, pero aún nos sigue quedando un gran camino por recorrer para esclarecerlo en su totalidad; sabemos a ciencia cierta que los sueños se elaboran a partir de los contenidos psíquicos que están enterrados en las profundidades del inconsciente del individuo, aunque existe la duda de que tal vez no existan otros factores que crezcan de dentro afuera, promotores del proceso, y aporten elementos nuevos a la vivencia onírica.

Los expertos del tema no cesan de preguntarse desde hace bastante tiempo: ¿Por qué dormimos? ¿Qué sucede en el interior del cerebro humano y en todo el organismo cuando dormimos? ¿Qué factor nos obliga a despertar y reiniciar el sueño? ¿Se siguen oliendo el aroma y oyendo los ruidos de la alcoba? ¿Cuántas horas necesitamos dormir? ¿Podemos razonar mientras dormimos? ¿Nos despierta el silencio? ¿Será el sueño semejante al estado de trance que experimenta una persona hipnotizada? Interrogantes como éstos y otros muchos más no dejan de estar presentes en la vida, tanto de los expertos como de las gentes de la calle. Aunque podemos decir que muchas de estas preguntas están resueltas, no dejan de aparecer más preguntas sin que todavía tengan respuestas, a pesar de que con cada pregunta surge una teoría que explica las razones posibles.

En el transcurso de toda la historia los hombres no han dejado de sacar teorías para aclarar las razones de por qué el organismo humano necesita dormir. La teoría que más tenía de acuerdo a algunos estudiosos a principios del siglo XX era que el sueño se debía a la secreción de ciertas toxinas orgánicas, como ciertos ácidos o sustancias hipógenas, que segregaba el propio organismo del individuo; sin embargo, una de las teorías que más se acercaba a la realidad fue la del psicólogo suizo Eduardo Clapéredes, quien veía en los sueños continuidad de los ritmos biológicos; otros estudiosos del tema creían por el contrario que la falta de oxígeno (anoxia) fuera lo que generaba el sueño. Antes de que la moderna biología llegara a clarificar los mecanismos celulares, ya se pensaba que el organismo sentía la necesidad de generarse diariamente; algunos zoólogos aportaron hechos constatables que llamaron profundamente la atención: para ellos, el estado del sueño en la mayoría de los animales es el más normal en toda su vida, mientras el animal duerme está economizando energía de todo su cuerpo, despertando sólo ante una emergencia, un peligro, o una necesidad, como defenderse, protegerse o alimentarse; en el hombre, los términos cambian, lo que probablemente haya dado el desarrollo de la especie.

ÍNDICE

Prólogo		5
Diccionario de los sueños		7
I.	Historia de los sueños célebres realizados	45
II.	**El viaje al futuro**	59
	Premonición y adivinación	59
	Sueños y premoniciones	62
	Las fuentes oníricas somáticas	69
	Sueños típicos	93
	El sueño de avergonzarse ante la propia desnudez	93
	Sueño de la muerte de personas queridas	101
	El sueño del examen	125
III.	Sueños, visiones, ensueños y apariciones	129
	El sueño	130
	El mecanismo del sueño	130
	Terapéutica por el sueño	135
	La psicología de los sueños	137
	Sueños y ensueños	140
	Ejemplos comunes de sueños	142
	Jannés y Membrés	145
	Interpretar un sueño hoy	146

	Cómo influye la educación recibida	147
	Representaciones simbólicas en el sueño	149
IV.	**El sueño y el subconsciente**	165
	Definir la mente	170
	Las regiones de la memoria	173
	Estímulo nervioso y estímulo corporal	176
	El sueño, doctrina o enfermedad	182

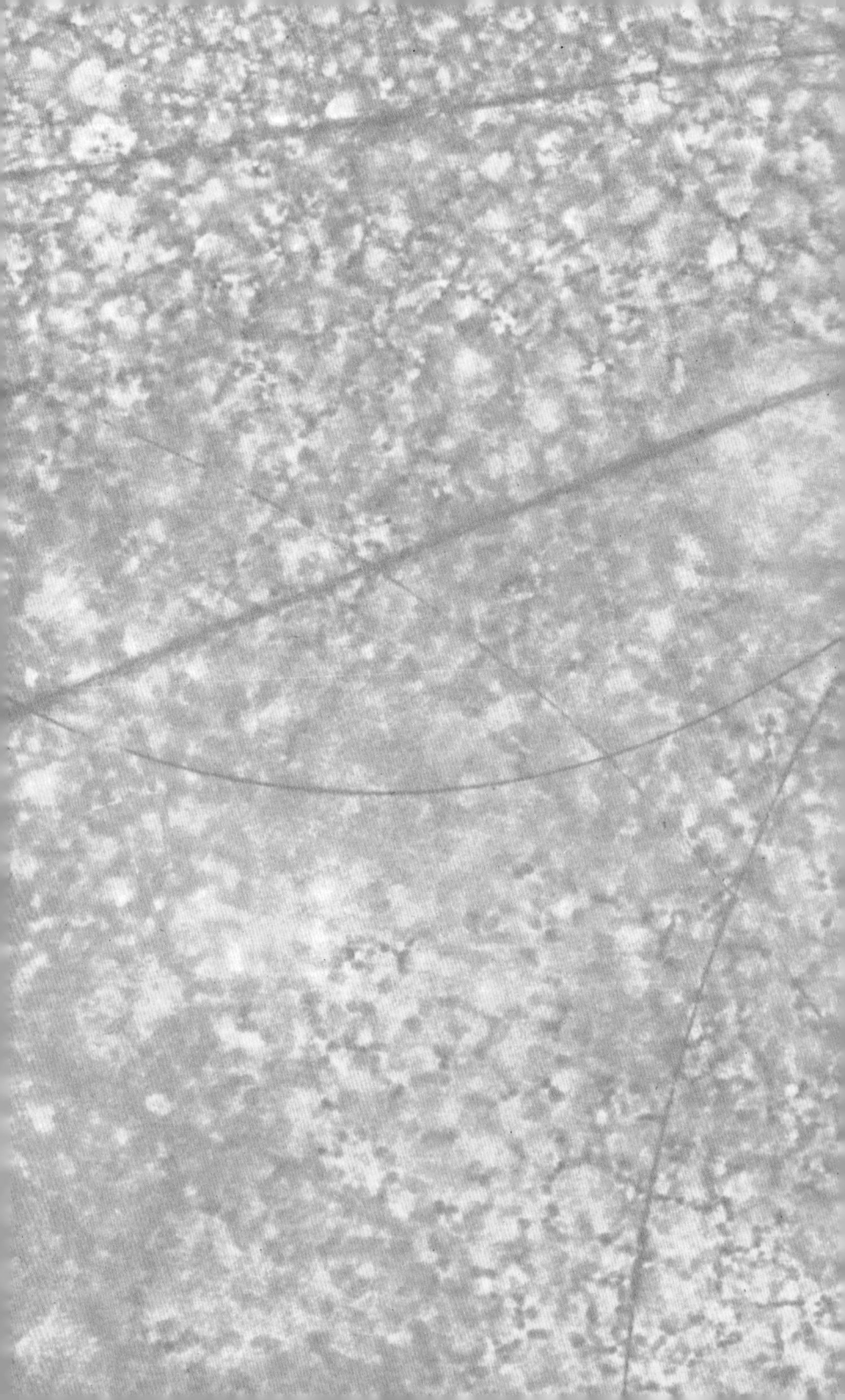